中国語 韓国語 インドネシア語 英語 対応

にほんご
発音
かんたん

吉岐 久子 著

KENKYUSHA

Published by Kenkyusha Co., Ltd.
2–11–3, Fujimi, Chiyoda-ku, Tokyo 102–8152, Japan

ISBN 978–4–327–38456–2 C1081

Manufactured in Japan

はじめに

日本語の発音はむずかしいですか。それともやさしいと思いますか。

著者も一人の教師として長年いろいろな国の方々の日本語学習のお手伝いをしてきました。学習者の中には初めて日本語の音を口に出した瞬間から自然に日本人のような発音ができる人もいますし、なかなか母語の影響が抜けなくて苦労する人もいます。

きれいな発音できちんとした日本語が話せると日本の社会への順応がより容易になることを考えると、やはり日本語らしい自然な発音を身につけてほしいと思います。

どうしたら無理なく、楽しく、良い発音を身につけることができるでしょうか。

著者も長年の経験の中で、学習者が正しい発音を身につけるにはちょっとした小さなヒントと練習によって効果が上がることを実感してきました。日本語の発音をできるだけ自然に習得してもらうために工夫してきたその小さなヒントを、今回一冊の本とCDにまとめることができました。ここにあげた練習はすべて筆者が授業の中で実際に行ってきたことの集大成とお考えください。

独習される方にも、教室で指導用に使われる方にも広くお役に立てれば幸いです。

学習者の皆さんへ

正しい日本語の発音を身につけるのにはむずかしい理論はいりません。ただよく聞いて、できるだけその音に近づけるように言ってみてください。日本語の音は風の音に例えると春のそよ風のように柔らかく耳触りのいい音ではないでしょうか。愛をささやくのにぴったりの音かもしれませんね。

この本とCDを使って練習して、発音がもっともっと自然になり、「日本人が話しているかと思った」と言われるようになることを願っています。

毎晩ベッドの中で、眠りにつくまでの5分か10分、CDを聞いてすぐあとからまねをして言いましょう。夢の中でも日本語をしゃべるようになったら、もうだいじょうぶです。

先生方へ

日本語教育現場での発音指導については、どこまで追求したらいいか悩むことはありませんか。初めからあまり厳しくすると学習意欲をそいでしまうのではないかと心配してみたり、でも日本語を学ぶ以上、なるべく自然な発音で話してほしいと思ったりして、教師としての苦労は絶えません。

最終的には学習者が自分で気づいて正しい発音で話したいと思うようになってくれるのが一番だと思います。著者の経験でも教室内でどうしても直らなかった発音のくせが、アルバイトを始めたとたん直ったことがありました。実社会で生の日本人との接点を持つうちに誤解を招いたり恥をかいたりして自分で気づき、その時教室内で学んだ正しい発音の蓄積に気づいたのだと思います。

本書とCDが楽しい発音の指導に少しでもお役に立てれば幸いです。

謝辞

本書「にほんご 発音 かんたん」の制作に際し多方面の方々が関心をお寄せくださり、激励のお言葉をお送りくださいましたこと感謝申し上げます。たいへん勇気づけられました。

特定非営利活動法人 日本語教育研究所理事長でいらっしゃる上野田鶴子先生（Dr. Tazuko Uyeno Ph.D）には「にほんご かんたん Speak Japanese」シリーズに引き続き日本語教育面での専門的な諸事項についてご助言をいただきました。

東京芸術大学デザイン科の学生さんのころから、拙著「にほんご かんたん Speak Japanese」シリーズ」にかわいいイラストや表紙を描いてくださった美術家の佐々波雅子さん、今回も素敵なイラストをありがとうございました。

また、さまざまな教室場面の中で著者の生徒となってくださった学習者の皆様には「にほんご発音 かんたん」出版の必要性を認識させていただきました。皆様とご一緒に勉強した日々がなかったら本書は生まれなかったでしょう。

最後になりましたが研究社編集部の佐藤淳様にはこの多言語対応の日本語発音 CD ブックの企画から出版まで細部にわたり一貫して著者を励まし続け、煩雑な編集に校正にと本書の完成にご尽力くださいましたこと、心より御礼申し上げます。ありがとうございました。

吉岐久子

翻訳：

中国語：　宋 麗

韓国語：　韓相榮、鄭仁淑　（栃コリア）

インドネシア語：　久世つきこ（Pamulang Japanese Course）

Vera Wedyaningsih（Ikuzo! Japanese Language School）

英文校正：　John E. Ingulsrud　Ed.D 明星大学教授

Kay Okawa

オリジナル・ソング「あいうえおの歌」「星の数え歌」作曲・演奏・歌：

龍野恵里子 © Eriko Tatsuno

イラスト（表紙・本文）：　佐々波雅子 © Masako Sazanami

参考文献

『にほんご かんたん Speak Japanese（Book 1, 2）』教科書および教師用指導書、研究社

坂 起世、吉岐久子

『にほんご かんたん Speak Japanese（Book 3）』教科書および教師用指導書、研究社

吉岐久子

Japanese for Communication: A Teachers' Guide

Paul Sandrock, Hisako Yoshiki, Wisconsin Department of Public Instruction. 1996.

もくじ

前　言

日语的发音是难还是简单呢?

笔者作为一名日语教师，长年来一直帮助来自各国的日语学习者如何学好日语。在学习者当中，有从第一次说日语的时候开始就像日本人一样自然的人，也有总也摆脱不了母语影响感到很吃力的人。

如果能说一口发音标准的日语就会更加容易地融入日本社会，从这方面来讲，还是希望学习者能学到地道的日语发音。

怎么样才能不费劲儿地，愉快地，学会标准的发音呢?

笔者从长年的经验中体会到了，通过一些小窍门儿和练习可以获得效果。为了能让学习者尽可能地自然地学到日语发音，笔者把那些小窍门儿编辑成了这本书和 CD。所有的在这里列举的练习题都是笔者在课程中的实际经验的集大成。

如果能广泛地供自学者和教学指导使用的话，实为荣幸。

致学习者们

要学到正确的日语发音，不需要深奥的理论。只要认真听，尽量发出和听到的相近的发音。如果把日语的发音比喻成风声的话，不正是像春天的微风一样地很软，听起来很好听的声音吗? 作为呢喃爱语的语言最恰当不过了。

希望大家使用这本书和 CD 来练习，发音能变得更加自然，能被别人称赞说「以为是日本人在说话呢」。

每天晚上上床以后到睡着为止，要听 5 分到 10 分钟的 CD，然后跟着说。如果在梦中也能讲日语的话，就没有问题了。

致老师们

在日语的教育现场，有很多老师都在烦恼，在指导发音方面可以要求到什么程度好呢? 开始的时候如果要求太严格的话，就会担心会不会削弱学习者的学习热情。但是既然学日语，就又希望能够尽量地说出标准的发音。作为一名教师有操不完的心。

最终学习者能够自己想用正确的发音来说话是最理想的结果。笔者的学生里，有的人在课堂上不管怎么学也改不了的发音的毛病，一开始打工就改好了。在实际社会上，和日本人接触当中，被误解，自己的想法没能被理解的事例有很多。那时候就会察觉到在课堂上学到的正确发音的重要性。

本书和 CD 如果能使发音指导轻松愉快地进行的话将是一件非常荣幸的事。

第一部　日语的发音和文字

머리말

일본어의 발음은 어렵습니까 ?　아니면 쉽다고 생각합니까 ?

저자도 한사람의 교사로서 오랜 세월 여러나라 사람들의 일본어　학습을 도와 왔습니다.　일본어를 배우는 학생중에는 처음으로 일본어를 말한 순간　부터 자연히 일본인과 같은 발음을 할 수 있는 사람도 있고, 좀처럼 모국어의 영향이 없어지지 않아서 고생하는 사람도 있습니다.

깨끗한 발음으로 정확한 일본어를 이야기할 수 있으면 일본사회에의 적응이 좀더 편해진다는 것을 생각하면, 역시 일본어의 자연스러운 발음을 익힐 수 있었으면 좋겠다고 생각합니다.

어떻게 하면 무리없이, 즐겁게, 좋은 발음을 익힐 수 있겠습니까 ?

저자는 오랜 경험 속에서, 간단한 작은 힌트나 연습에 의해 효과가 나타나는 것을 실감해 왔습니다. 일본어의 발음을 될 수 있는한 자연스럽게 익히게 하기 위해서 생각해 낸 작은 힌트를, 이번에 1 권의 책과 CD 로 정리했습니다.

여기에 예를 든 연습은 모두 필자가 수업 중에 실제로 사용해 오던 것들의 집대성이라고 생각해 주십시오.

혼자서 공부하시는 분에게도, 교실에서 지도용으로 사용하시는 분에게도 널리 도움이 되었으면 좋겠습니다.

학습자 여러분에게

올바른 일본어의 발음을 익히는데는 어려운 이론은 필요하지 않습니다. 단지 자주 듣고, 될 수 있는 한 그 소리에 가깝게 말해 보십시오. 일본어의 소리는 바람소리에 비유하면 봄의 산들바람과 같은 부드러운 느낌의 소리가 아닙니까? 사랑을 속삭이기에 딱 좋은 소리일지도 모르겠네요.

이 책과 CD로 연습해서, 발음이 더욱더 자연스러워져「일본인이 이야기 하고 있다고 생각했다」라는 말을 들을 수 있기를 진심으로 기원합니다.

매일 저녁 침대 속에서, 잠들때 까지 5분이나 10분, CD를 들으면서 흉내를 내며 따라해 봅시다. 일본어로 꿈을 꿀 수 있게 된다면, 일본어를 아주 잘 한다는 것입니다.

선생님들에게

일본어 교육 현장에서의 발음 지도에 대해서, 어디까지 추구하면 좋을지 고민한 적은 없습니까? 처음부터 너무 엄격하게 하면 학습 의욕을 꺾어 버리는 것이 아닐까하고 걱정을 하거나, 일본어를 배우는 이상, 될수 있는 한 자연스러운 발음으로 이야기 할 수 있었으면 하는 생각등으로, 교사의 걱정은 끊이지 않습니다.

최종적으로는 학습자가 스스로 깨우쳐 올바른 발음으로 이야기하고 싶다고 생각하게 되는 것이 가장 좋다고 생각합니다. 저자의 경험으로도 교실 내에서 아무리 해도 고쳐지지 않던 발음의 버릇이, 아르바이트를 시작하자 마자 고쳐진 적이 있었습니다. 실제 사회속에서 직접 일본인과 교류를 하는 동안에 오해를 초래하거나 자신의 생각이 전달되지 않거나 하는 경험을 통해, 교실내에서 배웠던 올바른 발음을 스스로 알아차린 것이라고 생각합니다.

본서와 CD가 즐겁게 발음을 배우는데 도움이 되었으면 좋겠다고 생각 합니다.

제 1 부　일본어의 소리와 문자

Pendahuluan

Menurut Anda, lafal bahasa Jepang susah atau mudah?

Penulis, yang juga sebagai seorang pengajar, telah lama berkecimpung dalam program pengajaran bahasa Jepang bagi banyak orang di berbagai negara. Di antara pelajar tersebut, ada orang yang sejak pertama kali mengucapkan bunyi dalam bahasa Jepang, ia sudah dapat melafalkan bahasa Jepang secara alami seperti orang Jepang. Tetapi, ada pula orang yang perlu bersusah payah untuk melafalkannya dengan baik karena mereka sulit menghilangkan pengaruh lafal bahasa ibu mereka.

Dapat berbicara dalam bahasa Jepang yang baik dengan lafal yang bagus akan memudahkan Anda untuk beradaptasi dengan masyarakat Jepang. Karena itu, penulis berharap agar pelajar sebaiknya menguasai lafal bahasa Jepang yang alami seperti layaknya bahasa Jepang.

Bagaimana caranya supaya dapat menguasai lafal yang baik dengan cara yang menyenangkan tanpa perlu susah payah?

Penulis pun dalam pengalamannya selama bertahun-tahun telah merasakan benar bahwa latihan dan tips-tips kecil dapat meningkatkan efektivitas belajar. Tips-tips kecil yang diciptakan dan digunakan selama ini oleh penulis dengan tujuan agar pelajar dapat melafalkan bahasa Jepang sealami mungkin kemudian disusun menjadi sebuah buku dan CD ini. Boleh dikatakan bahwa semua latihan dalam buku ini merupakan hasil kumpulan praktek dalam kelas yang dialami oleh penulis sendiri.

Semoga buku ini dapat berguna baik bagi pengajar maupun yang bagi pelajar yang belajar sendiri.

Untuk para pelajar bahasa Jepang

Tak perlu teori yang sulit untuk menguasai lafal bahasa Jepang dengan benar. Anda hanya perlu mencoba dengarkan baik-baik, lalu ucapkan bunyi tersebut semirip mungkin. Jika bunyi bahasa Jepang diibaratkan seperti bunyi angin, bukankah bunyinya indah seperti semilir angin musim semi yang menyentuh telinga dengan lembut? Mungkin cocok juga untuk membisikkan rayuan ya!

Semoga dengan latihan dari buku dan CD ini, lafal bahasa Jepang Anda dapat menjadi lebih alami hingga terdengar seperti orang Jepang yang sedang berbicara.

Setiap malam, coba Anda dengarkan CD dan langsung tirukan bunyinya selama 5 sampai 10 menit di atas ranjang menjelang tidur. Jika Anda sudah bisa berbicara bahasa Jepang dalam mimpi Anda, berarti latihannya sukses!

Untuk para pengajar bahasa Jepang

Pernahkah Anda sebagai pengajar bahasa Jepang merasa bingung: sejauh apa standar pengajaran lafal bahasa Jepang? Jerih payah kita sebagai pengajar tidak pernah ada habisnya. Jika sejak awal pengajar berlaku terlalu keras, bisa jadi malah mematahkan gairah belajar siswa. Tetapi, selain belajar bahasa Jepang, kita juga ingin sebisa mungkin siswa dapat berbicara dalam lafal bahasa Jepang yang alami.

Menurut penulis, sangatlah baik jika pada akhirnya pelajar dapat menyadari sendiri pentingnya lafal bahasa Jepang dan memiliki niat untuk bicara dengan lafal yang benar. Penulis sendiri pernah mengalami suatu pengalaman, dimana ada seorang pelajar yang kesalahan pelafalan bahasa Jepangnya tidak dapat diperbaiki lewat pengajaran dalam kelas. Tetapi begitu ia mulai kerja sambilan (ARUBAITO), ia dapat memperbaiki lafalnya. Mungkin, setelah mengalami kesulitan dalam komunikasi di masyarakat Jepang yang sebenarnya; seperti ketika timbul salah paham waktu mencari kesepakatan dengan orang Jepang, atau ketika pemikirannya tidak dapat dimengerti oleh orang Jepang karena kesalahan pengucapan lafal, ia baru menyadari pentingnya lafal yang benar yang dipelajari selama ini di dalam kelas.

Semoga buku dan CD ini dapat berguna dalam pengajaran lafal bahasa Jepang secara mudah dan menyenangkan.

BAB I　Bunyi dan tulisan bahasa Jepang

Preface

Is the sound system of Japanese language difficult to master for the non-native speakers of Japanese?

Having been a Japanese language teacher myself, I noticed that some students could produce the sounds just like native speakers from the first day they spoke Japanese. Others had difficulties keeping the pronunciation of their mother tongue.

Judging from the fact that it makes it easier for students to be accepted in Japanese society if they speak with near native-speaker pronunciation, you as a teacher do not want to give up correcting errors.

I learned from experience small hints and exercises could make a big difference for the students in mastering the sound system of Japanese. The activities based on those hints and exercises that have been tried and used in classes proved to be effective for most of my students. They are compiled into this book and the accompanying CD.

I hope that those who use this CD and book would enjoy mastering the Japanese sound system in a fun way.

To the students

In order to master Japanese pronunciation, you do not have to learn difficult theories; you just have to listen carefully and try to reproduce the sounds as closely as possible. Try to say them softly as the breeze in spring, or try to imagine saying the sounds as if you are whispering love.

Practicing with this book and CD would make your pronunciation so natural that Japanese speakers around you would tell you that they thought a Japanese person was speaking.

Listen to this CD in bed for five to ten minutes and practice with it every night before you fall asleep. Soon you will be speaking Japanese in your dreams.

To the teachers

Language teachers often face the dilemma as to how accurate their students' pronunciation should be. As a good language teacher, you naturally try your best for your students, but at the same time you may worry that your students lose interest, if you are too strict in correcting their errors.

I had a similar experience not long ago. One student could not say a certain word in the class, no matter how hard both student and teacher tried, but as soon as he started his part-time job, his pronunciation improved. He was exposed to actual, realistic situations, and through some unpleasant experiences of not being understood in the way he wanted, he must have realized the importance of correct pronunciation, remembering what he had learned in class.

It is our sincere wish that this book and CD will be helpful for both teachers and students who wish to master the Japanese sound system.

Part 1　Sound System and KANA

第一部

日本語の音と文字

CD 1

それでは皆(みな)さん、にほんご「あいうえおの歌(うた)」 行(い)ってみましょう！（セリフ）

あいうえお　あいうえお
かきくけこ　かきくけこ
さしすせそ　さしすせそ
たちつてと　たちつてと
なにぬねの　なにぬねの
はひふへほ　はひふへほ
まみむめも　まみむめも
やゆよ　やゆよ
らりるれろ　らりるれろ
わをん　わをん

にほんご　はつおん　かんたん　（コーラス）

かなと発音(はつおん)

正(ただ)しい発音(はつおん)はまずひらがなをきちんとおぼえることから始(はじ)まります。

CD 2

	W	R	Y	M	P	B	H	N	D	Ts	Ch	T	J	Z	Sh	S	G	K		
ん	わ	ら	や	ま	ぱ	ば	は	な	だ			た		ざ		さ	が	か	あ	A
		り		み	ぴ	び	ひ	に	ぢ		ち	ち	じ	じ	し	し	ぎ	き	い	I
		る	ゆ	む	ぷ	ぶ	ふ	ぬ	づ	つ		つ		ず		す	ぐ	く	う	U
		れ		め	ぺ	べ	へ	ね	で			て		ぜ		せ	げ	け	え	E
	を	ろ	よ	も	ぽ	ぼ	ほ	の	ど			と		ぞ		そ	ご	こ	お	O

音(おん)と文字(もじ)を合(あ)わせてみましょう。

1. パソコンのキーボードのどのアルファベットをおすと、どのひらがなになりますか。ひらがなの下（した）にせんをひきなさい。

例（れい）	Aのキーをおすと	<u>あ</u>	い	う	え	お
1.	Ｉのキーをおすと	あ	い	う	え	お
2.	Ｕのキーをおすと	あ	い	う	え	お
3.	Ｅのキーをおすと	あ	い	う	え	お
4.	Ｏのキーをおすと	あ	い	う	え	お
5.	ＫとＡをおすと	か	き	く	け	こ
6.	ＫとＩをおすと	か	き	く	け	こ
7.	ＫとＵをおすと	か	き	く	け	こ
8.	ＫとＥをおすと	か	き	く	け	こ
9.	ＫとＯをおすと	か	き	く	け	こ

さあ、もうわかりましたね。子音（しいん）と母音（ぼいん）をくみあわせると一（ひと）つのひらがなができます。つづけて、やってみましょう。

10.	G + A	が	ぎ	ぐ	げ	ご
11.	G + I	が	ぎ	ぐ	げ	ご
12.	G + U	が	ぎ	ぐ	げ	ご
13.	G + E	が	ぎ	ぐ	げ	ご
14.	G + O	が	ぎ	ぐ	げ	ご
15.	S + A	さ	し	す	せ	そ
16.	S + I（S + H + I）	さ	し	す	せ	そ
17.	S + U	さ	し	す	せ	そ
18.	S + E	さ	し	す	せ	そ
19.	S + O	さ	し	す	せ	そ
20.	Z + A	ざ	じ	ず	ぜ	ぞ
21.	Z + I（J + I）	ざ	じ	ず	ぜ	ぞ
22.	Z + U	ざ	じ	ず	ぜ	ぞ
23.	Z + E	ざ	じ	ず	ぜ	ぞ

24.　Z + O　ざ　じ　ず　ぜ　ぞ

25.　T + A　た　ち　つ　て　と
26.　T + I（C + H + I）　た　ち　つ　て　と
27.　T + U（T + S + U）　た　ち　つ　て　と
28.　T + E　た　ち　つ　て　と
29.　T + O　た　ち　つ　て　と

30.　D + A　だ　ぢ　づ　で　ど
31.　D + I　だ　ぢ　づ　で　ど
32.　D + U　だ　ぢ　づ　で　ど
33.　D + E　だ　ぢ　づ　で　ど
34.　D + O　だ　ぢ　づ　で　ど

35.　N + A　な　に　ぬ　ね　の
36.　N + I　な　に　ぬ　ね　の
37.　N + U　な　に　ぬ　ね　の
38.　N + E　な　に　ぬ　ね　の
39.　N + O　な　に　ぬ　ね　の

40.　H + A　は　ひ　ふ　へ　ほ
41.　H + I　は　ひ　ふ　へ　ほ
42.　H + U　は　ひ　ふ　へ　ほ
43.　H + E　は　ひ　ふ　へ　ほ
44.　H + O　は　ひ　ふ　へ　ほ

45.　B + A　ば　び　ぶ　べ　ぼ
46.　B + I　ば　び　ぶ　べ　ぼ
47.　B + U　ば　び　ぶ　べ　ぼ
48.　B + E　ば　び　ぶ　べ　ぼ
49.　B + O　ば　び　ぶ　べ　ぼ

50.　P + A　ぱ　ぴ　ぷ　ぺ　ぽ
51.　P + I　ぱ　ぴ　ぷ　ぺ　ぽ

52.	P + U	ぱ　ぴ　ぷ　ぺ　ぽ
53.	P + E	ぱ　ぴ　ぷ　ぺ　ぽ
54.	P + O	ぱ　ぴ　ぷ　ぺ　ぽ
55.	M + A	ま　み　む　め　も
56.	M + I	ま　み　む　め　も
57.	M + U	ま　み　む　め　も
58.	M + E	ま　み　む　め　も
59.	M + O	ま　み　む　め　も
60.	Y + A	や　ゆ　よ
61.	Y + U	や　ゆ　よ
62.	Y + O	や　ゆ　よ
63.	R + A	ら　り　る　れ　ろ
64.	R + I	ら　り　る　れ　ろ
65.	R + U	ら　り　る　れ　ろ
66.	R + E	ら　り　る　れ　ろ
67.	R + O	ら　り　る　れ　ろ
68.	W + A	わ　を
69.	W + O	わ　を
70.	N + N	ん

2. 「し」の音(おん)のコツ

口(くち)のまわりに力(ちから)をいれません。くちびるをまるめません。

息(いき)はよわく、ささやくように言(い)います。

口(くち)の前(まえ)に A4 ぐらいのうすい紙(かみ)をもって、紙(かみ)がうごかないように言(い)います。

言(い)ってみましょう。

CD 3　し し し　　しお　わたし　しか

3.「ん」の音のコツ。

口を少し開けて、舌の先は口の中のどこにもふれません。
舌の後ろの方を持ち上げて「ん」と言ってみます。
その時「ん」の音は鼻から出ます。
言ってみましょう。

CD 4　**ん　ん　ん　　おかあさん　ほん　ぱん**

4.「ん」のつく言葉のあとに「を」がくるとき「の」にならないようにします。また「ん」のあとに「あ」「い」「う」「え」「を」がくるとき「な」「に」「ぬ」「ね」「の」にならないようにします。

CD 5

「パンをやきます」
「ごはんをたべます」
「しんぶんをもってきてください」
はんえい　はんい　はんおん　せんえん

5.「ん」の音はあとにくる子音の音によって影響をうけます。

CD 6
まんが　しんぶん　よんだ
「おとうさんがしんぶんをよんでいます」
「ぼくはまんががだいすきです」

6.「ん」があるときは「ん」がぬけないようにしっかり発音します。

CD 7

「日本のファッションはだいにんきです」

「ごはんのあとで　おちゃをのんだ」
「せんぱいがしんぶんの記事(きじ)を書(か)いた」
「こんぺきの海(うみ)、すてきなリゾートライフ」
「ふたりのしょうらいのためにかんぱい」
「しけんのじゅんびはこれでかんぺき」
「しんぱいしないでください」
「じゅけんべんきょうとしけんのじゅんびでひろうこんぱいです」

RY	MY	PY	BY	HY	NY	CH	J	SH	GY	KY	
りゃ	みゃ	ぴゃ	びゃ	ひゃ	にゃ	ちゃ	じゃ	しゃ	ぎゃ	きゃ	A
りゅ	みゅ	ぴゅ	びゅ	ひゅ	にゅ	ちゅ	じゅ	しゅ	ぎゅ	きゅ	U
りょ	みょ	ぴょ	びょ	ひょ	にょ	ちょ	じょ	しょ	ぎょ	きょ	O

7. ちいさい「ゃ、ゅ、ょ」がつく場合(ばあい)

71. KとYとAをおします。　　きゃ　きゅ　きょ
72. KとYとUをおします。　　きゃ　きゅ　きょ
73. KとYとOをおします。　　きゃ　きゅ　きょ

CD 8　**きゃ　きゅ　きょ　　きゃく　きゅうこう　とうきょう**

8.

74. G + Y + A　　ぎゃ　ぎゅ　ぎょ
75. G + Y + U　　ぎゃ　ぎゅ　ぎょ
76. G + Y + O　　ぎゃ　ぎゅ　ぎょ

CD 9　**ぎゃ　ぎゅ　ぎょ　　ぎゃく　ぎゅうにゅう　ぎょうざ**

9.

77. S + H + A　　しゃ　しゅ　しょ
78. S + H + U　　しゃ　しゅ　しょ

79. S + H + O しゃ しゅ しょ

CD 10 **しゃ しゅ しょ しゃちょう しゅるい しょうゆ**

10.

80. C + H + A ちゃ ちゅ ちょ
81. C + H + U ちゃ ちゅ ちょ
82. C + H + O ちゃ ちゅ ちょ

CD 11 **ちゃ ちゅ ちょ こうちゃ ちゅうがくせい ちょうちょう**

11.

83. J + A じゃ じゅ じょ
84. J + U じゃ じゅ じょ
85. J + O じゃ じゅ じょ

CD 12 **じゃ じゅ じょ じゃま じゅよう じょうほう**

12.

86. H + Y + A ひゃ ひゅ ひょ
87. H + Y + U ひゃ ひゅ ひょ
88. H + Y + O ひゃ ひゅ ひょ

CD 13 **ひゃ ひゅ ひょ ひゃく ひゅう**（オノマトペ） **ひょうじょう**

13.

89. B + Y + A びゃ びゅ びょ
90. B + Y + U びゃ びゅ びょ
91. B + Y + O びゃ びゅ びょ

CD 14 **びゃ　びゅ　びょ　　さんびゃく　びゅう**（オノマトペ）**びょういん**

14.

92.　P + Y + A　　　ぴゃ　ぴゅ　ぴょ

93.　P + Y + U　　　ぴゃ　ぴゅ　ぴょ

94.　P + Y + O　　　ぴゃ　ぴゅ　ぴょ

CD 15 **ぴゃ　ぴゅ　ぴょ　　ろっぴゃく　こんぴゅーた　はっぴょう**

15. 「じ」と「ぢ」は同じ(おな)音(おん)です。

つづく、ちぢむ、しじみの場合(ばあい)、はじめの音(おん)のままにして濁点(だくてん)をつけます。

CD 16 **つづく　ちぢむ　しじみ**

16. 「ず」と「づ」は同じ(おな)音(おん)です。二つ(ふた)の言葉(ことば)が一つ(ひと)になったとき、あとの言葉(ことば)に濁(だく)点(てん)をつけます。

こづつみの場合(ばあい)　こ＋つつみ

CD 17 **こづつみ**

17. 「お」と「を」は同じ(おな)音(おん)です。「を」は助詞(じょし)のときだけ使(つか)います。

CD 18 **こおり　を　たべた。**

18. 「え」と「へ」

「へ」は助詞(じょし)として使(つか)うときには｛え｝と同じ(おな)音(おん)になります。

CD 19 **たいへいようこうえんへいきました。**

19. 「わ」と「は」

「は」を「わ」と言(い)うときは助詞(じょし)として文(ぶん)の中(なか)で使(つか)うときです。

例　わたし は ははおやです。

言(い)ってみよう。

CD 20

わたしのははは　ははは とわらった。(私(わたし)の母(はは)は「ははは」と笑(わら)った。)

20. ここまでのまとめの練習(れんしゅう)

CDをきいて、同(おな)じ音(おん)に＿をひきなさい。

CD 21

例(れい)　あ　い　う　え　お
1. あ　い　う　え　お
2. あ　い　う　え　お
3. か　き　く　け　こ
4. か　き　く　け　こ
5. さ　し　す　せ　そ
6. さ　し　す　せ　そ
7. た　ち　つ　て　と
8. た　ち　つ　て　と
9. な　に　ぬ　ね　の
10. な　に　ぬ　ね　の
11. は　ひ　ふ　へ　ほ
12. は　ひ　ふ　へ　ほ
13. ま　み　む　め　も
14. ま　み　む　め　も
15. や　ゆ　よ
16. や　ゆ　よ
17. ら　り　る　れ　ろ
18. ら　り　る　れ　ろ

19. わ　を
20. わ　を

21. CDをきいて、同じ音のひらがなにせん（＿）をひきなさい。

CD 22

例　あ　わ　れ
1. か　け　き
2. ぎ　き　に
3. り　い　う
4. わ　あ　お
5. ろ　る　う
6. し　く　へ
7. け　は　ほ
8. そ　ろ　う
9. め　ね　ぬ
10. つ　へ　く

22. かな一つ、一つの音とかたちがわかりましたか？　では、次へすすみましょう。

〈長い音（長母音）〉

CD 23　**ああ　かあ　さあ　たあ　なあ　はあ　まあ　やあ　らあ　わあ**

23. どちらのことばに長い音がありますか。せんをひきなさい。

CD 24

例　a.　b.
1. a.　b.
2. a.　b.
3. a.　b.
4. a.　b.

24.

CD 25 いい きい しい ちい にい ひい みい りい

1. a. b.
2. a. b.
3. a. b.
4. a. b.

25.

CD 26 うう くう すう つう ぬう ふう むう ゆう るう

1. a. b.
2. a. b.
3. a. b.
4. a. b.

26.

CD 27 えい けい せい てい ねい へい めい れい

1. a. b.
2. a. b.
3. a. b.

27.

CD 28 おう こう そう とう のう ほう もう よう ろう

1. a. b.
2. a. b.
3. a. b.
4. a. b.

28. 「お」と「う」

「お」「こ」「そ」「と」「の」「ほ」「も」「よ」「ろ」の音をのばすとき、「お」と書く場合と「う」と書く場合があります。

「お」を使う言葉には次のようなものがあります。

CD 29

とおい　おおきい　とおり　おおい　こおり

29. 母音が続くとき、口を大きく開けて言う母音から、次の口を小さく開けて言う母音へつながるように言うのは次の場合です。

CD 30

あい　あう　あお　いう　えい

30. 母音が続くとき小さく開けた口から次の大きく開けた口へつながるときには、一つ一つはっきり言います。

CD 31

うお　うえ　いえ　エアコン　おあいて

31. はなし言葉では、このようにつながることもあります。主に男性が使います。

CD 32

すごい・すげー　ひどい・ひでー　うまい・うめえ

32. ちいさい「っ」のある言葉を言うとき、この「っ」も１拍と数えます。パソコンのキーでは、その次の子音のキーを２回おします。

CD 33

よかった　いっぱく　やった　きっぷ　けっこう　にっぽん

次の二つの言葉で、どちらに小さい「っ」がありますか。

CD 34

1. a.　　b.
2. a.　　b.
3. a.　　b.

4. a.　　b.

33. CDをきいて正しい答えをえらびなさい。

CD 35

1. a. おとさん　b. おっとさん　c. おとうさん
2. a. おかあさん　b. おっかさん　c. おかさん
3. a. じゅごさい　b. しゅうごさい　c. じゅうごさい
4. a. にほんご　b. にほんの　c. にほんろ

34. 「らりるれろ」の練習

1. まず、「だ　だ　だ」と言ってみます。だ　だ　だ　だ　だ
2. それから　だら　だら　だら
3. つぎに「だ」をおとして「ら　ら　ら　ら　ら」だけ言います。
   さいごに「らり　らり　らり」
   「らる　らる　るる　るる」
   「れろ　れろ　ろ　ろ　ろ」
   などと、いろいろ言ってみましょう。
   できましたか？

CD 36

だ　だ　だ　だ　だ
だら　だら　だら
ら　ら　ら　ら　ら
らり　らり　らり
らる　らる　るる　るる
れろ　れろ　ろ　ろ　ろ

35. 「らりるれろ」をふくむ言葉を言ってみましょう。

CD 37

いろいろ　あられ　たりる　るすでん　うれしい　いろいろとありがとう。

36. 「らりるれろ」「なにぬねの」「だでど」をれんしゅうしましょう。

CD 38

「らりるれろ」「なにぬねの」「だでど」

37. つぎの言葉のなかに「らりるれろ」の音があれば○、なければ×をつけなさい。

CD 39

1.（　）　2.（　）　3.（　）　4.（　）　5.（　）

38. これはなんですか。正しいものに○をつけなさい。

1. 	ねこ	ぬこ	めこ
2. 	ベナナ	バナナ	バメメ
3. 	まん	はん	ほん
4. 	みず	みす	みじゅ
5. 	とうけい	とけい	とっけい
6. 	うちい	うち	うっち
7. 	とおり	とりい	とり
8. 	てんどん	でんどん	でんでん

9. 	かみ	かに	かぎ
10. 	じゃっし	ざしい	ざっし
11. 	つまみ	つなみ	すまみ

39. 「はひふへほ」の練習

CD 40

たのしいときには　あ　は　は
ちょっと　いじわる　い　ひ　ひ
なんだか　うれしい　う　ふ　ふ
いや、そうでもないけど　え　へ　へ
ちょっぴり　すまして　お　ほ　ほ
はひふへほ　はひふへほ

あはは　　いひひ　　うふふ　　えへへ　　おほほ

40. 「ふ」の音は口のまわりの筋肉をゆるめて、口をすこしあけて「ふう」と言います。つかれたとき口からおもわず「ふう」と息が出るでしょう。それと同じです。

CD 41

ふ　ふ　ふ　ふ　ふ　　ふうせん　たいふう　ふうふ

41. カタカナ言葉の発音

〈外来語〉

もともとの言葉では子音だけで発音するときでも、日本語の中の外来語に入ると子音に母音がつきます。

ミャ	ヒャ	ニャ	チャ	シャ	キャ
ミュ	ヒュ	ニュ	チュ	シュ	キュ
ミョ	ヒョ	ニョ	チョ	ショ	キョ
ピャ	ビャ	ヂャ	ジャ	ギャ	リャ
ピュ	ビュ	ヂュ	ジュ	ギュ	リュ
ピョ	ビョ	ヂョ	ジョ	ギョ	リョ

パ	バ	ダ	ザ	ガ
ピ	ビ	ヂ	ジ	ギ
プ	ブ	ヅ	ズ	グ
ペ	ベ	デ	ゼ	ゲ
ポ	ボ	ド	ゾ	ゴ

ン	ワ	ラ	ヤ	マ	ハ	ナ	タ	サ	カ	ア
		リ		ミ	ヒ	ニ	チ	シ	キ	イ
		ル	ユ	ム	フ	ヌ	ツ	ス	ク	ウ
		レ		メ	ヘ	ネ	テ	セ	ケ	エ
	ヲ	ロ	ヨ	モ	ホ	ノ	ト	ソ	コ	オ

CD 42

バック

ゲット

アップル

アイスクリーム

ステーキ

42. カタカナをつかって音や様子をあらわすことがあります。

CD 41

だれかがドアをコツコツとたたいた。「あら、だれかきたのかな」

だれかがドアをトントンとたたいた。「はい、どうぞ」とこたえた。

だれかがドアをドンドンとたたいた。「わあ、こわいからあけない」

春です。風がソヨソヨとふいています。あたたかくていい気持です。

強い風がビュービューふいているから、かさがとばないように気をつけて歩きましょう。

冷たい北風がピューピューふいているけど、うちの中はあたたかい。

赤ちゃんがスヤスヤねている。

赤ちゃんがヨチヨチとあるいている。

赤ちゃんがニッコリわらった。

パソコンでローマ字入力をする場合、ローマ字による五十音図をおぼえると便利です。

ローマ字リスト

ヘボン式 Hepburn Method					日本式 Japanese Method				
a	i	u	e	o	a	i	u	e	o
ka	ki	ku	ke	ko	ka	ki	ku	ke	ko
sa	shi	su	se	so	sa	si	su	se	so
ta	chi	tsu	te	to	ta	ti	tu	te	to
na	ni	nu	ne	no	na	ni	nu	ne	no
ha	hi	fu	he	ho	ha	hi	hu	he	ho
ma	mi	mu	me	mo	ma	mi	mu	me	mo
ya	—	yu	—	yo	ya	(i)	yu	(e)	yo
ra	ri	ru	re	ro	ra	ri	ru	re	ro
wa	—	—	—	—	wa	wi	(u)	we	wo
n					n				
ga	gi	gu	ge	go	ga	gi	gu	ge	go
za	ji	zu	ze	zo	za	zi	zu	ze	zo
da	ji	zu	de	do	da	di	du	de	do
ba	bi	bu	be	bo	ba	bi	bu	be	bo
pa	pi	pu	pe	po	pa	pi	pu	pe	po
kya		kyu		kyo	kya		kyu		kyo
sha		shu		sho	sya		syu		syo
cha		chu		cho	tya		tyu		tyo
nya		nyu		nyo	nya		nyu		nyo
hya		hyu		hyo	hya		hyu		hyo
mya		myu		myo	mya		myu		myo
rya		ryu		ryo	rya		ryu		ryo
gya		gyu		gyo	gya		gyu		gyo
ja		ju		jo	zya		zyu		zyo
ja		ju		jo	dya		dyu		dyo
bya		byu		byo	bya		byu		byo
pya		pyu		pyo	pya		pyu		pyo
—					kwa				
—					gwa				

43. カタカナには外国から来た言葉を、できるだけ元の音に近づけて書く組み合わせもあります。自分の名前を書くときの参考にしてください。パソコンで母音文字を小さく書くときは、「X」か「L」キーを押してから母音を押します。

CD 44

1. ウィ　ウェ　ウォ
2. クァ　クェ　クォ
3. グァ　グェ　グォ

4.				シェ	
5.		スィ			
6.				ジェ	
7.				ツェ	
8.		ティ		チェ	
9.		ディ			
10.			デュ		
11.	ファ	フィ		フェ	フォ

次の言葉を読んでみましょう。

CD 45

ウィーク　ウェットスーツ　ウォーキング　シェパード　スィッチ　ジェラート
デッキチェア　ティーパーティー　ディスク　デューク　ファイト　ファッション
ファン　フィギュア　カフェ　フェリー　カリフォルニア　ユーフォー　フォンデュー
フィレンツェ

44. 拍

基本的には一つの仮名に対して１ビートです。小さい「っ」も伸ばす音も同じだとおもってください。

数えながら言ってみましょう。

CD 46

が　っ　こ　う
こ　う　こ　う　せ　い
サ　ッ　カ　ー　ク　ラ　ブ
ちょ　っ　と　ま　っ　て　く　だ　さ　い

45. どんなに早くしゃべっても、この長さを忘れないようにしてください。早く言うとこのようになります。

CD 47

がっこう、こうこうせい、サッカークラブ、ちょっとまってください、

46. 俳句(はいく)

CD 48

どんぐりの　ねんねんころり　ころりかな

ねこのこの　かくれんぼする　はぎのはな

47. あとをつづけましょう

CD 49 （Oのところはリズムだけとる）

どんぐりの「OOOOOOO　OOOOO」

ねこのこの「OOOOOOO　OOOOO」

48. 母音(ぼいん)が消(き)えるとき

KやSのような音(おん)にはさまれたり、言葉(ことば)や文(ぶん)の終(お)わりにきたりする場合(ばあい)、UとIは消(き)えることがあります。

CD 50 **すきやきがすきです。 しつれいしました。 きょうしつ**

49. CDを聞(き)いて同(おな)じ言葉(ことば)に○をつけてください。

CD 51

1. a. ちゃんと　b. ちょっと　c. ちょうど
2. a. じゅうよう　b. じゅよう　c. しゅうよう
3. a. きょうきゅう　b. きょうぎゅう　c. きょうりゅう
4. a. こきゅう　b. ごうきゅう　c. こうきゅう
5. a. しゅうし　b. しゆうし　c. じゅうし
6. a. じょうず　b. じょうじゅ　c. じょしゅ
7. a. とおり　b. とり　c. とりい
8. a. じゃきょう　b. しゃきょう　c. しゃじょう
9. a. じゃこ　b. しゃこ　c. ざこ

50. ここで第一部は終わりです。第二部に行く前に「星の数え歌」を歌いましょう。

「星の数え歌」

CD 52

ひとつ　ひかった　いちばんぼし
ふたつ　ふしぎな　ふうふぼし
みっつ　みてみて　ならんでる
よっつ　よこにも　ほしがでた
いつつ　いつでも　ひかるほし
むっつ　むこうで　ひかってる
ななつ　ならんだ　ながれぼし
やっつ　やっぱり　ユーフォーか
ここのつ　ここから　よくみえる
とおで　とうとう　あまのがわ

第二部

シャドーイングと書き取り練習

第二部　シャドーイングと書き取り練習

第二部では日本語のアクセントやイントネーションや感情表現の言い回しなどの総合的な練習としてシャドーイングを取り入れました。シャドーイングはその名の通り「影が形に添うように」聞きながらほぼ同時に発話していく学び方のことです。

まず聞き流すことから始め、次にハミングで歌うようにアクセントやイントネーションを真似してみます。それからスクリプトを見ながら言える箇所から言ってみます。集中力もいりますし、たいへん疲れる作業ですから、はじめからあまりたくさんよくばらずに気楽に試みてください。

シャドーイング中の会話のスタイルについて

本書では友人同士のくだけた会話より少しフォーマルな状況を中心に据えました。交換留学の高校生などが日本人の大人と会話する場合は礼儀正しいほうが好感をもたれるでしょうし、大学生以上になると学校やアルバイト先などで社会的に受け入れられるような話し方ができたほうがいいでしょう。日本での社会生活が円滑に送れるようなコミュニケーション能力を育てることをめざし、また異なった文化に対して互いに受容する心が育つようなスタイルを心がけました。

シャドーイング部分に出てくる会話は次の七つのトピックのもとにそれぞれ４段階に分けられています。ご使用中のテキストのトピックやレベルに合わせて使ってください。

1. 人間関係
2. 教育、文化
3. 環境、家庭
4. 日常生活
5. 人生の節目
6. 年中行事
7. 身体と健康

段階（レベル）

本書で言う段階は日本語能力試験の級に対応する分け方ではありません。学習者が日本語を使ってできることの範囲を知る一つの目安と考えてください。

レベル 1　個人的な体験や情報などのごく基本的な事柄を、適切な言い方で丁寧に言い表せる。習い覚えた単語や表現を使いこなす。

レベル 2　学び覚えた単語や表現を維持しながら、もう少し自由に発展させて使っていくようになる。文化的な事柄について語ったり、意見を述べたり、気配りを示したりできる。

レベル 3　予想のつかない状況への対応ができる。抽象的な内容について話ができ、日本語をよく把握して使いこなすようになる。

レベル 4　日本で遭遇する事柄や状況にも対処できる。積極的に説得したり、意見を言い換えたり仮説を立てたりできるようになる。長文で話せる。

「かきとり」練習

すべてのトピックの各段階ごとに短い「書き取り練習」を入れました。書き取りは読みあげてくれる人がいないと独習は困難ですので、独習される方はぜひ CD を活用してください。ただ聞き流すだけでも効果はあると思います。文字と発音の関係を正しく把握しているかを自分で確認できます。

書き取り練習の仕方

すべて仮名で書きます。

1. 一回目は聞くだけ。
2. 二回目に書きます。
3. 三回目にもう一度聞きながら訂正します。最後に答を見て答え合わせをします。

間違いが一個もないようになるまで繰り返し、練習してください。

第二部　跟读和听写练习

在第二部里，作为日语的音调，抑扬顿挫，情感表现的措辞等的综合性练习，采用了跟读练习。跟读就像它的名字一样，「形影不离」，是一边听一边说的学习方法。

首先从听开始，并且像哼唱一样模仿口音以及语音。然后一边看练习稿，一边从能说的地方说说看。因为既需要集中精力，又很累，所以建议大家不要从一开始起就大量地做跟读练习，而是以试着看看的心情来做。

关于跟读练习中的对话的形式

在本书中，没有采用朋友之间的随便的会话而是采用了稍微正式的对话为中心。那是因为笔者认为，如果交换留学的高中生和日本人的长辈说话时，彬彬有礼的话就会获得好感，另外成为大学生的话在学校和打工的地方，最好是能用被日本的社会认可的说话方式说话。本书以培养在日本社会生活中能够圆滑地进行语言交流能力为目标，另外还着重采用培养学习者互相接受异国文化心胸的教育方式。

在跟读练习的部分里出现的会话，是根据以下的 7 种话题来分成 4 个阶段。请配合正在使用的课本的话题和级别来用。

1. 人际关系
2. 教育文化
3. 环境 家庭
4. 日常生活
5. 人生的阶段
6. 传统节日
7. 身体和健康

阶段（级）

本书里出现的阶段，不是和日本以语能力考试的级相对应的方式来划分的。而是让学习者了解会使用的日语的范围的一个基准。

1 级　能够把自己的经验和情报等最基本的事情用贴切的说法正确地表达。
能自如运用学习过的单词和表现。

2 级　一边维持使用学习过的的单词和表现，一边再进一步地自由运用。能谈关于文化的事情，叙述意见，表示关怀。

3 级　能够应对不能预料的状况。能描述关于抽象事物的内容，很好地掌握日语变得能自如地运用。

4 级　能应对在日本遭遇的事情和状况。能积极地说服，用不同的说法来表达意见或设置假说。能够长篇大论。

「听写」练习

在所有的话题的各个阶段里都加入了短的「听写练习」。如果没有人读的话自修就会很困难，所以自修的人最好能有效地利用「听写练习」。光是随机播放也有效果。自己能确认是不是正确掌握了文字和发音的关系。

做听写练习的方法

都用假名来写。

1. 第一遍的时候只是听。
2. 第二遍的时候写。
3. 第三遍一边听一边更正。最后看答案对答案。直到一个也没听错为止重复地练习。

제 2 부　섀도잉과 받아 쓰기 연습

제 2 부에서는 일본어의 액센트나 억양 (intonation), 감정의 간접적인 표현등의 종합적인 연습으로서 섀도잉 (shadowing) 을 포함시켰습니다. 섀도잉은 그 이름과 같이「그림자 형태에 따르기」로, 들으면서 거의 동시에 발음하는 공부 방식입니다.

우선 그냥 듣는 것부터 시작해, 다음에는 허밍으로 노래를 부르는 것처럼 액센트나 억양 (intonation) 을 흉내내 봅시다. 그리고 나서 스크립트를 보면서 말할 수 있는 부분 부터 말해 봅시다. 집중력도 필요하고 대단히 힘든 작업이기 때문에, 처음부터 너무 욕심부리지 말고 편한 마음으로 시도해 보십시오.

섀도잉중의 회화의 스타일에 대해서

본서에서는 친구들 간에 사용하는 반말보다 조금 포멀한 상황을 중심으로 다루었습니다. 교환 유학중인 고등학생들이 일본 어른들과 회화할 경우에는 예의바른 쪽이 더 호감을 가져질 것이고, 대학생 이상이 되면 학교나 아르바이트 등에서 사용 할 만한 말투를 배우는 것이 좋겠지요? 일본에서의 사회 생활을 원활하게 할 수 있는 커뮤니케이션 능력을 기르는 것을 목표로 하고 또, 다른 문화를 서로 받아들일 수 있는 마음이 생길수 있는 내용이 되도록 노력했습니다.

섀도잉 부분에 나오는 회화는 다음 7 개의 토픽을 기본으로 각각 4 단계로 나누어져 있습니다. 지금 현재 사용중인 교재의 토픽이나 수준에 맞추어 사용해 주십시오.

1. 인간 관계
2. 교육, 문화
3. 환경, 가정
4. 일상생활
5. 인생의 고비
6. 연중 행사
7. 신체와 건강

단계 (레벨)

본서에서 말하는 단계는 일본어능력시험의 급에 대응하는 단계가 아닙니다. 학습자가 일본어를 사용해서 할 수 있는 일의 범위를 나타내는, 하나의 목표 라고 생각해 주십시오.

레벨 1　개인적인 체험이나 정보등의 지극히 기본적인 사항을, 적절한 말로 정중하게 말로 표현할 수 있다. 배워서 알고 있는 단어나 표현을 능숙하게 사용할 수 있다.

레벨 2 배워서 알고 있는 단어나 표현을 유지하면서, 좀더 자유롭게 발전시켜 사용할 수 있게 된다. 문화적인 사항에 대해서 함께 이야기 하거나, 의견을 말하거나, 배려하는 마음을 표현할 수 있다.

레벨 3 예상할 수 없는 상황에 대응 할 수 있다. 추상적인 내용에 대해서 이야기를 할 수 있고, 일본어를 잘 파악해서 능숙하게 사용할 수 있다.

레벨 4 일본에서 접하게 되는 여러가지 상황에도 대처할 수 있다. 적극적으로 설득 하거나, 의견을 바꿔 말하거나, 가설을 세울 수 있게 된다. 긴 문장으로 이야기 할 수 있다.

「받아 쓰기」 연습

모든 토픽의 각 단계마다 짧은「받아쓰기 연습」을 넣었습니다. 받아쓰기는 소리 내어 읽어 주는 사람이 없으면 혼자서 공부하기 곤란하므로 혼자서 공부하시는 분들은 많이 활용해 주십시오. 단지 그냥 듣기만 하는 것도 효과가 있다고 생각합니다. 문자와 발음의 관계를 정확하게 파악하고 있는지를 스스로 확인할 수 있습니다.

받아쓰기 연습 방법

모두 히라가나나 가타카나로 씁니다.

1. 1 회째는 그냥 듣기.
2. 2 회째는 받아 쓰기.
3. 3 회째는 다시 한번 들으면서 정정합니다. 마지막에 대답을 보면서 정답 을 맞춥니다. 틀린 것이 한개도 없을 때 까지 반복해서, 연습해 주십시오.

Bab II *Shadowing* dan latihan dikte

Dalam bab II, diperkenalkan *shadowing* dalam bentuk pengucapan aksen (penekanan kata) dalam bahasa Jepang, intonasi, cara mengungkapkan ekspresi, dan lain sebagainya sebagai latihan yang menyeluruh. *Shadowing* adalah cara belajar yang ketika sambil mendengarkan, kita langsung mengucapkan kata tersebut dalam waktu yang hampir bersamaan, seperti bayangan yang mengikuti bentuk.

Pertama-tama, mulai dari dengarkan saja sambil lalu, kemudian coba tirukan aksen, intonasi, dan lain-lainnya seperti menggumamkan lagu. Setelah itu, sambil membaca teks, coba ucapkan bagian yang dapat Anda tirukan. Karena latihan ini memerlukan konsentrasi dan sangat melelahkan, sejak awal jangan terlalu memaksakan diri. Coba lakukanlah dengan santai.

Gaya Percakapan dalam Latihan *Shadowing*

Buku ini lebih menekankan pada percakapan di suasana yang sedikit lebih formal daripada percakapan sehari-hari antar teman karena penulis pikir, pelajar muda seperti pelajar SMU di program pertukaran siswa, sewaktu berbicara dengan orang Jepang dewasa, akan lebih membawa kesan baik jika mereka menggunakan gaya bicara yang sopan. Apalagi jika sudah tingkat mahasiswa ke atas, sebaiknya menguasai cara bicara yang dapat diterima masyarakat; seperti di sekolah, tempat kerja sambilan (ARUBAITO), dan tempat/kondisi lainnya.

Percakapan dalam latihan *shadowing* dibagi menjadi 7 tema, yang mana masing-masing tema dibagi lagi menjadi 4 (empat) level, yakni:

1. Hubungan Antar Manusia
2. Pendidikan, Kebudayaan
3. Lingkungan, Rumah-Tangga
4. Kehidupan Sehari-Hari
5. Momen/Kejadian Penting dalam Kehidupan
6. Acara Tahunan
7. Tubuhdan Kesehatan

Gunakanlah sesuai dengan tema dan level yang sedang Anda gunakan.

Level

Pembagian level dalam buku ini tidak mengacu pada tingkatan di Ujian Kemampuan Bahasa Jepang (Nihongo Nouryoku Shiken). Salah satu tujuan pembagian level dalam buku ini adalah agar pelajar mengetahui batas kemampuan penggunaan bahasa Jepang mereka sendiri.

Level 1 Mampu menyampaikan hal-hal sederhana mengenai pengalaman diri sendiri atau informasi dengan cara bicara yang tepat dan sopan. Mampu menguasai penggunaan kata-kata dan ungkapan yang telah dipelajari.

Level 2 Sambil mempertahankan kemampuan kosakata dan ungkapan yang sudah dikuasai, level ini meningkatkan kemampuan bahasa Jepang Anda ke tahap yang lebih luwes. Mampu menjelaskan hal-hal yang bersifat kebudayaan (kultur) dan kebiasaan, menyampaikan pendapat sendiri dan mampu menunjukkan kepedulian terhadap lawan bicara.

Level 3 Mampu menanggapi keadaan yang tidak dapat diduga. Mampu menceritakan hal-hal abstrak, menguasai dan memahami penggunaan bahasa Jepang tingkat yang lebih tinggi.

Level 4 Mampu menindaklanjuti hal-hal atau kondisi yang dialami di Jepang. Mampu membujuk/meyakinkan dengan aktif, mengungkapkan pendapat dengan perkataan lain, berdiskusi, membuat hipotesis, dan lain sebagainya. Mampu bercerita dengan kalimat yang panjang.

Latihan Dikte

Pada masing-masing level di semua tema, penulis memasukkan 'Latihan Dikte' pendek. Bagi orang yang belajar sendiri, dikte tidak dapat dilakukan karena tidak ada orang yang membacakannya untuk mereka. Karena itu, bagi orang yang belajar sendiri, silahkan gunakan latihan dikte dalam CD ini dengan baik. Bahkan, Anda juga bisa merasakan manfaat CD ini hanya dengan mendengarkannya sambil lalu. Anda dapat memastikan sendiri apakah tulisan dan lafal benar selaras.

Cara Latihan Dikte

Tulis semua dengan huruf Kana (Hiragana atau Katakana).

1. Pertama kali: Dengarkan saja.
2. Kedua kali: Tuliskan.
3. Ketiga kali: Sambil mendengarkan sekali lagi, koreksi apa yang sudah ditulis. Terakhir, cocokkan dengan kunci jawaban. Cobalah berlatih berulang kali hingga tak ada satu pun kesalahan.

Part 2　Shadowing and Dictations

In the second part of this book, to provide comprehensive practice of accent, pronunciation, intonation to express one's emotions, shadowing and dictations are adopted. Shadowing, as its naming suggests, involves, "following the sounds just as a shadow follows a shape." Students are to say aloud the expressions a step behind what they hear on the CD.

Just play the CD and listen first. Then imitate accent and intonation as if humming a song. Then, looking at the scripts or word lists, say only the parts that you can follow. This activity requires a great deal of concentration, so it may be tiring. Take it easy and just relax while doing the shadowing activities.

The speech styles in these dialogues are a little more formal than friendly conversations. An international student at the high school level would be better received if he/she can speak politely to an adult member of the host country. It would be better for the older students either at school or at work to be able to speak the language in socially acceptable ways. Students are encouraged to use the language to communicate with an appropriate speech style, taking into considerations cultural similarities and differences.

The conversations are arranged under the following seven topics. Each topic is presented in four different levels. Use them according to the textbook that you are using.

1. Human Relations
2. Education, Culture
3. Environment, Home
4. Daily Routine
5. Rites of Passage
6. Annual Events
7. Body and Health

Levels

These "levels" do not correspond with the levels used in the Japanese proficiency test. They provide general performance criteria as to what students can do with the language.

Level 1　Students express the very fundamental facts about their personal experiences and information in a polite and appropriate way. They can use basic vocabulary and expressions.

Level 2 Students use the language more freely while maintaining what they have learned. They can talk about cultural topics, express opinions, and show considerations for others.

Level 3 Students can communicate in unexpected situations, and express abstract concepts, using the language appropriately.

Level 4 Students can communicate in complex situations. They can persuade others, state opinions, and make hypothesis. They also speak with long sentences.

Dictations

There is a short dictation exercise for each level. It is difficult to practice dictations unless students have someone to read to them, so by going through dictations given in this CD, students can make sure how Japanese letters and their sounds correspond.

Sentences for dictations are read three times. Students are to write everything down in KANA.

1. Just listen.
2. Write down phrase to phrase.
3. Make corrections while listening. Compare with the right answer. Practice until you make no mistakes.

シャドーイングの練習

シャドーイングの練習方法はいろいろあります。自分に合ったやり方で、無理なく楽しく練習してください。

1. 会話文を見ながら聞くだけ。
2. 聞きながら、会話文に合わせてふんふんふんと言う。声は出さなくてもいい。
3. 会話文を聞きながら、言えるところだけ言う。
4. CDを聞きながら会話文全体を少し遅れて言う。テキストは見ても見なくてもいい。

CD 53

1. 会話文を見ながら黙って聞いてください。

　　「はじめまして、どうぞよろしくおねがいします」

2. 聞きながら少し遅れて「ふんふんふん……」と言ってください。声に出さなくてもいいです。

　　「はじめまして、どうぞよろしくおねがいします」

　　（ふんふんふんふん……）

3. CDを聞きながら言える言葉だけ言ってみましょう。

　　「はじめまして、どうぞよろしくおねがいします」

　　（はじめまして、どうぞ……します）

4. CDを聞きながら、少し遅れてCDと同じように言いましょう。

　　「はじめまして、どうぞよろしくおねがいします」

　　（はじめまして、どうぞよろしくおねがいします）

はじめは4のようにはできなくても、練習しているうちに、だんだんできるようになります。

4の場合、学習者の声がCDより少し遅れて聞こえます。はじめは全部言えなくてもかまいません。その時は1、2、3のようにやってみてください。テキストを見ながらでもいいし、ただ聞こえた通りに言ってみてもいいのです。練習しているうちに自然な日本語らしい発音、アクセント、イントネーションが総合的に身につくようになります。

あいうえお
月
日

1. 人間関係

CD 54 レベル1

❶「はじめまして」
「はじめまして」
「秋田ともうします。よろしくおねがいします」
「木村です。こちらこそ、どうぞよろしく」

❷「アメリカのかたですか」
「はい、そうです」
「私はオーストラリアからきました」
「ああ、そうですか」

❸「どうも、ありがとうございました」
「どういたしまして」

❹「すみません」
「いいえ」

❺「ごめんなさい」
「こちらこそ、ごめんなさい」

「かきとり」

三回読みます。一回目は聞くだけです。二回目に全部仮名で書きます。三回目にもう一度聞きながら直します。

❶ 初次见面。 初次见面。 我叫秋田。请多关照。 我叫木村。也请您多关照。	처음 뵙겠습니다. 처음 뵙겠습니다. 아키타 (秋田) 라고 합니다. 잘 부탁합니다. 기무라 (木村) 입니다. 저야말로, 잘 부탁 합니다.
Salam kenal. Salam kenal. Nama saya Akita. Senang bertemu dengan Anda. Saya Kimura. Sama-sama, senang bertemu Anda juga.	How do you do? How do you do? My name is Akita. Nice to meet you. I'm Kimura. Nice to meet you, too.
❷ 你是美国人吗？ 是的，我是美国人。 我是从澳大利亚来的。 噢，是吗？	미국 분입니까? 예, 그렇습니다. 나는 오스트레일리아에서 왔습니다. 아, 그렇습니까?
Apakah Anda orang Amerika? Ya, betul. Saya dari Australia. Oh, begitu.	Are you an American? Yes, I am. I'm from Australia. Oh, I see.
❸ 非常感谢。 不客气。	대단히, 고마웠습니다. 천만에요.
Terima kasih banyak. Terima kasih kembali.	Thank you very much. You're welcome.
❹ 对不起。 没关系。	미안합니다. 아니요.
Maaf, Tidak apa-apa.	Excuse me. It's alright.
❺ 请原谅。 也请您原谅。	죄송합니다. 저야말로 죄송합니다.
Maaf. Sama-sama, maaf juga.	I'm sorry. I'm sorry, too.

「かきとり」

やまだせんせいには　いつも　たいへん　おせわになっております。

平素承蒙山本先生莫大的关照。	야마다 (山田) 선생님에게는 항상 신세를 많이 지고 있습니다.
Saya selalu dibantu oleh bapak/ibu guru Yamada.	Mr./Ms. Yamada has always been very good to us.

1. 人間関係（にんげんかんけい）

CD 55 レベル 2

❶ 「社長（しゃちょう）。ご紹介（しょうかい）します。こちらは香港支店（ホンコンしてん）のスミスさんです。スミスさん、こちらは田中社長（たなかしゃちょう）です」
「はじめまして、スミスともうします。よろしくお願（ねが）いします」

❷ 「お国（くに）はどちらですか」
「韓国（かんこく）です」
「韓国（かんこく）の方（かた）ですか。私（わたし）は去年仕事（きょねんしごと）でソウルにいきました。いいところですねえ」
「ありがとうございます」
「留学生（りゅうがくせい）ですか」
「いいえ、じつは会社（かいしゃ）の出張（しゅっちょう）で来（き）ました」
「それはどうも失礼（しつれい）しました。お若（わか）いので学生（がくせい）さんかと思（おも）いました」
「いつもそう言（い）われます。でも、もう 27 歳（さい）なんですよ」

「かきとり」

❶	社長	社长，总经理	사장	direktur utama perusahaan	company president
	紹介する	介绍	소개하다	memperkenalkan	introduce
	香港支店	香港支店	홍콩 지점	kantor cabang di Hongkong	The Hong Kong office

❷	韓国	韩国	한국	Korea	Korea
	韓国の方	韩国人	한국분	Orang Korea	Korean
	仕事で	由于工作	일로	dalam rangka kerja/ dinas	on business
	ソウル	首尔	서울	kota Seoul	Seoul
	留学生	留学生	유학생	pelajar asing	foreign student
	出張	出差	출장	perjalanan dinas	business trip

「かきとり」

はまのさんは　そうごうしょうしゃに　つとめていて　げんざい　ちゅうとうに　ちゅうざいちゅうです。

濱野先生在综合商社工作，现在正在中东驻在。

하마노 (浜野) 씨는 종합 상사에 근무하고 있어서 현재 중동에 주재중입니다.

Bapak Hamano bekerja di perusahaan dagang umum, dan sekarang sedang berdinas di Timur Tengah.

Mr.Hamano is working for a comprehensive trading company and now he is assigned to work in the Middle East.

1. 人間関係(にんげんかんけい)

CD 56 レベル3

❶「あのう、山下(やました)さんとおっしゃる方(かた)がお見(み)えです」
「応接室(おうせつしつ)にお通(とお)ししてください」

❷「お名前(なまえ)を頂戴(ちょうだい)してもよろしいですか」
「山田(やまだ)です」
「すみません。山田(やまだ)さまはお二人(ふたり)いらっしゃいますが、下(した)のお名前(なまえ)もいただけますか」
「健人(けんと)です。健康(けんこう)の健(けん)に人(ひと)とかきます」
「あ、山田健人(やまだけんと)さまですね。大変失礼(たいへんしつれい)いたしました」

❸「例(れい)の件(けん)はどうなりましたか。調査(ちょうさ)はおわりましたか」
「そのことにつきまして、少(すこ)しご説明(せつめい)させていただきたいのですが」
「では詳細(しょうさい)は書斎(しょさい)で伺(うかが)いましょう。どうぞ、こちらへ」
「では、お邪魔(じゃま)します」

「かきとり」

❶

お通しする	让到里边	안내하다	mempersilahkan masuk/mengantar	show someone the way to
応接室	接待室	응접실	ruang tamu	the visitors' room

❷

頂戴する	受到，得到	수령하다	menerima	have
下の名前	姓之后的名字	이름	nama sendiri, nama kecil	first name

❸

例の件	那件事	그 건 (件)	hal itu	that matter
調査	调查	조사	penyelidikan/pemeriksaan/pengusutan	investigation
詳細	详细	상세	yang lebih jelas/perincian/detail	details
書斎	书斋	서재	ruang kerja	a study
お邪魔する	打扰	실례합니다.	mengunjungi/mengganggu	Excuse me (for my interrupting you)

「かきとり」

しょうさいが　わからないので　ちょうさしてから　ほうこくしてください。

因为详细情况还不清楚，请调查之后再报告吧。

상세한 것을 잘 모르니까 조사해서 보고해 주십시오.

Karena saya belum tahu dengan jelas, tolong laporkan setelah Anda selidiki.

Since I don't know the details please report to me when you've done the investigation.

1. 人間関係(にんげんかんけい)

CD 57 レベル 4

❶「さっき橘氏(たちばなし)と立(た)ち話(ばなし)をして橘氏(たちばなし)の立場(たちば)がよくわかりました」

「そうですか。彼(かれ)もなかなか大変(たいへん)なようですね」

「ええ、上司(じょうし)と部下(ぶか)との板挟(いたばさ)みになって苦労(くろう)しているそうです」

「日本(にほん)の会社(かいしゃ)はまだまだ年功序列(ねんこうじょれつ)がきびしいですからね」

❷「就職活動(しゅうしょくかつどう)は順調(じゅんちょう)ですか」

「はい、あした面接(めんせつ)が一社入(いっしゃはい)っています」

「よかったですね。自信(じしん)のほうは」

「少(すこ)し緊張(きんちょう)しています。でも、いつまでもフリーターでいるわけにはいきませんし、親(おや)のすねかじりも限界(げんかい)です。早(はや)く就職(しゅうしょく)して安心(あんしん)させたいんです」

「その気持(きも)ちがあれば大丈夫(だいじょうぶ)ですよ。自信(じしん)を持(も)ってがんばってください」

「かきとり」

❶	橘氏	橘先生	타치바나씨	Tuan/Bapak Tachibana	Mr. Tachibana
	立ち話	站着闲谈	서서 이야기하기	pembicaraan/obrolan sambil berdiri	talking while standing
	立場	立场	입장	posisi/kedudukan	position
	上司	上司	상사	atasan	boss
	部下	部下，下属	부하	anak buah	someone working under him
	板挟み	两头受气，左右为难	딜레머	posisi terjepit	caught between the two
	年功序列	论资排辈	연공 서열	sistem senioritas di tempat kerja	seniority system
❷	就職活動	找工作	취업준비	kegiatan mencari pekerjaan (*job hunting*)	a job hunting activity
	順調	顺利	순조（순조롭다）	berjalan lancar	going well
	自信	自信	자신	percaya diri	confidence
	緊張	紧张	긴장	tegang	nervous
	フリーター	没有正式工作的人	프리타	orang yang hidup dari pekerjaan yang tidak tetap (*freelancer*)	a part-time worker
	すねかじり	靠父母养活	부모의 신세를 지는 사람	numpang hidup/hidup dibiayai oleh orang lain (biasanya orangtua)	depending on my parents

「かきとり」

だんじょ　こよう　きかい　きんとうほうが　できてから　はたらく　じょせいが　ふえました。

自从《男女雇佣机会均等法》出台之后，职业女性增多了。

남녀고용기회균등법이 생기고 나서 일하는 여성이 늘어났습니다.

Sejak diberlakukannya Undang-undang Kesetaraan Kesempatan Kerja, jumlah wanita bekerja bertambah.

Ever since The Equal Employment Opportunity Law was passed, more women are working.

2. 教育、文化

CD 58 レベル1

❶「学生さんですか」

「はいそうです」

「中学生ですか。高校生ですか」

「高校2年です」

❷「学校は何時から何時までですか」

「八時半から三時までです」

❸「部活は何をしていますか」

「柔道です」

「ふうん。試合にも出るんですか」

「ええ、来週は県大会があります」

「すごいですねえ。がんばってください」

「がんばります」

「かきとり」

❶ 你是学生吗? 是的。 是初中生还是高中生? 高中 2 年级。	학생입니까 ? 네 , 그렇습니다 . 중학생입니까 ? 고등학생입니까 ? 고등학교 2 학년입니다 .
Apakah Anda pelajar? Ya, betul. Murid SMP atau SMA? Saya kelas 2 SMA.	Are you a student? Yes, I am. Are you in Junior High School or Senior High school? I am in the second year of High School.
❷ 学校是从几点到几点? 从八点半到三点。	학교는 몇시부터 몇시까지입니까 ? 8 시반부터 3 시까지입니다 .
Sekolahnya dari jam berapa sampai jam berapa? Dari jam 8:30 sampai jam 3.	How long is your school day? The classes start at eight-thirty and end at three.
❸ 你参加什么课外活动? 柔道。 是嘛，还参加比赛吗? 对，下周有县里的比赛。 真了不起，加油啊。 我会努力的。	동아리 활동은 무엇을 하고 있습니까 ? 유도입니다 . 그럼 , 시합에도 나갑니까 ? 네 , 다음 주에는 현 (縣) 대회가 있습니다 . 굉장하네요 . 열심히 하세요 . 열심히 하겠습니다 .
Anda ikut ekskul apa? Judo. Wow, sudah bisa ikut pertandingan? Ya, minggu depan ada pertandingan tingkat kabupaten. Hebat,ya, semoga berhasil. Saya akan berusaha.	Which club activity are you participating in? I'm doing Judo. Oh, really? Are you participating in the matches, as well? Yes, we have a prefectural tournament next week. That's great! I hope you'll win. Thank you. We'll do our best.

「かきとり」

こどもが　しょうがっこうに　はいると　おやも　がっこうぎょうじで　いろいろと　いそがしくなります。

孩子进入小学之后，家长也因为学校的各种活动而忙起来。	어린이가 초등학교에 들어가면 부모도 학교행사로 여러 가지 바빠집니다 .
Kalau anak sudah masuk sekolah, orangtuanya pun akan menjadi sibuk karena harus terlibat dalam bermacam-macam acara di sekolah.	When children start school, parents also become busy with various school activities.

2. 教育、文化

CD 59 レベル2

❶ 「日本では何歳から働けますか」

「義務教育が終われば15歳から働くことができます」

❷ 「どうして英語がそんなに上手なんですか」

「交換留学生として一年間カナダの高校に行ったんです」

「ああ、やっぱり。だからペラペラなんですね」

「でも始めは全然聞き取れなくて、すごく困りました」

❸ 「お子さんたちはインターナショナル・スクールですか」

「いいえ、日本の学校にいっています」

「そうですか。学校はどうですか」

「子どもはたのしそうですが、親はたいへんです。私は日本語がへたですから」

「いや、そんなことはありませんよ。上手ですよ」

「かきとり」

❶	義務教育	义务教育	의무 교육	Pendidikan wajib	compulsory education

❷	交換留学生	交换留学生	교환 유학생	Pelajar dari program pertukaran siswa	an exchange student
	やっぱり	果然	역시	Seperti yang saya duga	as I thought
	ペラペラ	流利	줄줄 (외국어를 거침 없이 잘 하는 모양)	Berbicara dengan lancar	be fluent
	聞きとる	听懂，听见	듣기	Mendengar dan memahami	listen and understand

❸	お子さんたち	孩子们	아이들	Anak-anak Anda/ dia	your children
	インターナショナル・スクール	国际化学校	인터내셔널 ˙ 스쿨	Sekolah berkurikulum internasional	international school
	親	家长	부모	orang tua	parent
	へた	不拿手	서투름	tidak pandai, jelek	not good at

「かきとり」

だいがくを　でたら　だいがくいんに　いって、　はくしかていを　しゅうりょうして　けんきゅうしゃに　なりたいと　おもいます。

大学毕业之后读研究生，博士毕业之后想成为一名研究员。

대학을 나오면 대학원에 가서 , 박사과정을 수료해고 , 연구자가 되고 싶습니다 .

Kalau sudah tamat kuliah, saya ingin melanjutkan ke S2 (master), lalu menyelesaikan program S3 (doktor) dan ingin menjadi peneliti.

When I finish University, I would like to go on to Graduate School, and finish a doctoral program to become a researcher.

2. 教育、文化

CD 60 レベル3

❶「すみません。ちょっと助けていただきたいんですけど」
「どうしましたか」
「今、学校から電話があって子どもが熱を出したので迎えにくるように言われたんですけど、仕事を途中で抜けられないんで…」
「わかりました。私が代わりに迎えに行きます。病院に連れて行けばいいですか」
「ありがとうございます。助かります。よろしくお願いします」

❷「このごろ日本語がよくわかるようになりましたね」
「アルバイトを始めたら日本語が急にしゃべれるようになったんです」
「そうですか。教室だけではだめですか」
「ええ、やっぱり実際に使わなくちゃ」

「かきとり」

❶

助ける	帮助	도와주다	menolong	help
熱を出す	发烧	열이 나다	badannya menjadi panas, demam	run a fever
抜ける	走开，离开	빠지다	bolos (kerja, sekolah)	get away (leave)
代わりに	代替	대신에	sebagai pengganti, mewakili	in one's place
迎えに行く	去迎接	마중가다	pergi menjemput	go to meet someone
連れていく	带……去	데리고 가다	membawa pergi	take someone along

❷

このごろ	最近	요즈음	baru-baru ini	these days, lately
アルバイト	小时工（指学生在课余时间打的工）	아르바이트	kerja sambilan	a part time job
しゃべれる（しゃべる）	会说（说）	말하다	bisa mengobrol (mengobrol)	be able to speak
実際に	实际上	실제로	pada kenyataannya	actually

「かきとり」

にほんの　きょういくせいどは、　えどじだいの　てらこやの　よみかき　そろばんから　はじまりました。

日本的教育制度是从江户时代寺子屋的读写算盘开始的。

일본 교육제도는 , 에도 (江戶) 시대 서당의 읽기 쓰기 주판에서부터 시작 되었습니다 .

Sistem pendidikan di Jepang berasal dari pendidikan membaca, menulis dan sempoa di *Terakoya* (sekolah di kuil) pada zaman Edo.

The education system in Japan started with *terakoya* (the temple schools) during the *Edo* period, where children learned reading, writing, and how to use abacuses.

2. 教育、文化

CD 61 レベル4

❶「お宅も仏教ですか」
「ええ、うちはもともと仏教ですが、結婚式はキリスト教会でしたし、子どもたちの七五三のお祝いは近くの神社へお参りしました」

❷「日本には昔から世間という道徳の基準がありますね」
「そうですね。世間が許さないというのを聞いたことがあります」
「世間とは一体何ですか」
「さあ、何でしょうねえ」

❸「日本に来てから食事なんかで困ったことはありませんか」
「たいていのものは大丈夫ですが、実は私、菜食主義なんです」
「そうですか。それは健康を考えてのことですか」
「宗教的な習慣ですが、健康にも良いと思っています」

「かきとり」

❶	もともと	原来	원래	dari dulu, dari dasarnya	originally
	結婚式	结婚典礼	결혼식	upacara pernikahan	wedding ceremony
	キリスト教会	基督教堂	그리스도 교회	gereja Kristen	Christian church
	お参りする	参拜	참배하다	berziarah ke kuil	go to pray

❷	世間	人世间	세간	masyarakat	world, society
	道徳	道德	도덕	moral	morals
	基準	基准	기준	standar/ kriteria	standard
	許す	允许	용서하다	memaafkan, mengijinkan	allow
	一体	到底	도대체	gerangan; entah; sebenarnya	(what) in the world

❸	菜食主義	素食主义	채식 주의	vegetarian	vegetarian
	健康	健康	건강	kesehatan	health
	宗教的	宗教性	종교적	keagamaan, religius	religious
	習慣	习惯	습관	kebiasaan	custom

「かきとり」

あるしんぶんの　とうけいに　よると　にほんじんの　ななじゅうごパーセントが　じぶんは　むしゅうきょうだと　おもっている　そうです。

据报纸统计百分之七十五的日本人认为自己不信仰任何宗教。

어떤 신문의 통계에 의하면 일본인의 75 퍼센트가 자신은 무종교라고 생각하고 있다고 합니다.

Menurut statistik yang dimuat di koran, 75% dari orang Jepang merasa dirinya tidak menganut agama.

According to one newspaper's statistics, 75 percent of Japanese consider themselves irreligious.

3. 環境、家庭

CD 62 レベル1

❶「お宅はマンションですか」
「ええ、マンションの5階です。お宅は」
「うちは高層マンションの30階なんですよ」
「30階！ すごいですねえ。けしきがいいでしょう」
「ええ、バルコニーから海がみえるんです」

❷「お宅の庭は自然がいっぱいですね。池にコイがたくさん泳いでいますよ」
「裏庭には二羽ニワトリもいますよ。毎朝たまごをうんでくれます」
「しんせんなたまごですか。いいですねえ」

❸「今年はベランダにゴーヤを植えてみました」
「みどりのカーテンですか。いいですねえ」
「ええ、とても涼しくなりました」
「実も食べられるし、いいことばかりですね」

「かきとり」

❶ 你家是公寓吗? 是，住 5 楼。你家呢? 我家住高层公寓的 30 楼。 30 楼?　那么高哇。景色很好吧? 是啊，从阳台上可以看到大海。	댁은 맨션입니까 ? 네 , 맨션 5 층입니다 . 댁은요 ? 저희는 고층 맨션의 30 층입니다 . 30 층 ! 대단하네요 . 경치가 좋지요 ? 네 , 발코니에서 바다가 보여요 .
Apakah Anda tinggal di kondominium? Ya, di lantai 5. Bagaimana kalau Anda? Saya tinggal di kondominium lantai 30. Lantai 30!? Hebat ya! Pemandangannya bagus,ya? Ya, dari balkon bisa terlihat laut.	Do you live in a condominium? Yes, I live on the 5th floor.How about you? I live on the 30th floor of a high-rise condominium. On the 30th floor! Sounds terrific! You must have a very good view. Yes, we can see the ocean from the balcony.
❷ 你家的院子很有自然气息啊。池塘里面有很多鲤鱼在游呢。 后院还有两只鸡呢。每天早上都下蛋。 新鲜的鸡蛋啊，真不错。	댁의 정원은 자연이 가득하네요 . 연못에 잉어가 많이 있네요 . 뒷마당에는　닭도　2 마리　있어요 . 매일 아침 알을 낳아 줍니다 . 신선한 달걀입니까 ? 좋겠네요 .
Halaman rumah Anda asri ya! Di kolam ada banyak ikan Koi berenang lho! Di halaman belakang juga ada 2 ekor ayam lho! Setiap pagi mereka bertelur. Telur segar ya? Enak ya	Your garden is so full of nature! I see many carp swimming in the pond. In the backyard we have two hens, and they give us eggs every morning. Fresh eggs! How wonderful!
❸ 今年在阳台上试着种了些苦瓜。 绿色的窗帘啊。真不错。 嗯，变得很凉快。 结的果实还能吃，真不错。	올해는 베란다에 고야를 심어 보았습니다 . 그린 커튼입니까 ? 좋겠네요 . 네 , 매우 시원해졌습니다 . 열매도 먹을 수 있고 좋은 것이 많네요 .
Tahun ini saya sudah mencoba menanam pare di beranda. Tirai hijau ya? Bagus ya! Ya. Rumah menjadi sejuk sekali. Buahnya juga bisa dimakan, banyak keuntungannya ya!	I planted *goya* on the balcony this year. A green “curtain”? Sounds good. Yes, it’s very cool now. You can eat the fruits eventually, can’t you?

「かきとり」

きのうは　いもうとふうふが　こどもを　つれて　あそびに　きたので　にわで　バーベキューを　しました。

昨天因为妹妹夫妇领着孩子来玩，所以在院子里吃烧烤了。	어제는 여동생 부부가 아이들을 데리고 놀러 와서 정원에서 바베큐를 했습니다 .
Karena kemarin adik perempuan saya dan suaminya datang bermain bersama anaknya, kami makan *barbeque* di halaman rumah.	Yesterday, my sister came to visit us with her husband and children, so we had a barbecue in our garden.

3. 環境、家庭

レベル 2

❶「うちのおばあさんは何でももったいないって言います」
「いいことじゃありませんか」
「むかしからものを捨てるのが大きらいなんですよ」
「ほんとうのゴミとまだ使える資源物は分けなきゃね」

❷「ゴミの分別に協力しましょう。まず燃えるゴミと資源ゴミをしっかり分けます」
「資源ゴミにはどんなものがありますか」
「大きく分けて新聞紙や段ボール、それにビンやカンなどです」
「とにかくリデュースですね」
「そうです。ゴミをへらすことが大切です」

「かきとり」

❶	何でも	什么都	아무거나	apa pun	anything
	もったいない	浪费	아깝다	sayang, mubazir	it's still too good to throw away
	捨てる	扔	버리다	membuang	throw away
	ゴミ	垃圾	쓰레기	sampah	garbage
	資源物	可再利用的东西	자원물	sumber daya	recyclables

❷	分別	分类	분별	membedakan/ memilah	division
	協力	协助	협력	kerjasama	cooperation
	燃えるゴミ	可燃垃圾	가연 쓰레기	sampah yang bisa dibakar	burnable rubbish
	資源ゴミ	可再利用垃圾	자원 쓰레기	sampah yang bisa didaur ulang	recyclable rubbish
	段ボール	纸箱	골판지	kardus	cardboard
	リデュース	缩减	리듀스	*reduce,* mengurangi	reduce

「かきとり」

リサイクルは　べつのものに　つくりかえて　つかうことで、　リユースは　くりかえし　なんどでも　つかうことです。

废物利用是做成别的东西再使用的意思，再利用是反复使用的意思。

재활용은 다른 물건으로 다시 만들어서 사용하는 것이고 , 재이용은 되풀이해 몇번씩 사용하는 것입니다 .

'Recycle' adalah daur ulang, sedangkan *'reuse'* adalah penggunaan berulang kali.

Recycling means to make something into something else, and reuse means use something many times.

3. 環境、家庭

CD 64 レベル 3

❶「あ、サル。あそこにサルがいます」
「あ、本当。どこから来たんでしょう。かわいい」
「近くの観光地ですよ。観光客がサルに餌付けをするのでサルが増えすぎたんです。絶対に食べ物を与えないでくださいね」
「はい、わかりました。サルのせいじゃないのにね」

❷「地震が発生しました。みなさん落ち着いて行動してください」
「わかりました。広域避難所を確かめましょう」

❸「大雨警報が出ているときは海岸や河川には近づかないでください」
「はい、わかりました。ガード下も浸水がこわいですからね」

❹「緊急のとき歩いて家まで帰れますか」
「やってみたことはありませんが、かなり大変だと思います」
「ほんとうに。緊急時の連絡は家族の間でよく話し合っておく必要がありますね」

「かきとり」

❶	サル	猴子	원숭이	monyet	monkey
	観光地	观光地	관광지	tempat wisata	sightseeing resort
	観光客	游客	관광객	wisatawan	tourists
	餌付け	喂食	사육	memberi umpan	feeding
	サルのせい	猴子的过错	원숭이의 탓	gara-gara monyet	monkeys' fault

❷	地震	地震	지진	gempa bumi	earthquake
	発生	发生	발생	terjadi	outbreak
	落ち着いて	冷静	침착하게	dengan tenang	be calm
	行動する	采取行动	행동하다	beraksi, bertindak	act
	広域避難所	面积较大的避难场所	광역피난소	tempat/lapangan pengungsian	the wide area for refuge
	確かめる	确认	확인하다	memastikan	make sure

❸	台風	台风	태풍	badai, angin topan	typhoon
	影響	影响	영향	pengaruh, dampak	influence
	大雨警報	大雨警报	폭우 경보	tanda bahaya akan datangnya hujan lebat	warning for a heavy rain
	海岸	海岸	해안	pantai	beach
	河川	河川	하천	kali, sungai	rivers
	ガード下	高架桥下	육교아래	kolong jembatan/*fly over*/jalan tol	under the elevated railroad
	浸水	浸水	침수	banjir, terendam air	flood

❹	緊急の	紧急时刻	긴급할 때	saat darurat	time for emergency
	連絡	联络	연락	menghubungi	contact

「かきとり」

たいふうによる　おおあめに　けいかいが　ひつようです。 ぞうすいした　かせんには　ぜったい　ちかよらないで　ください。

要警惕台风带来的大雨。请千万不要接近涨水了的河流。

태풍에 의한 폭우에 대한 경계가 필요합니다. 물이 불어난 하천에는 절대로 접근하지 말아 주십시오.

Perlu waspada terhadap hujan lebat akibat badai topan. Pastikan jangan mendekati sungai yang pasang.

You have to be careful of a heavy rain that accompanies the typhoon. Don't ever go near swollen rivers.

3. 環境、家庭

CD 65 レベル 4

❶「絶滅の危機って本当なんですね」

「ああ、ある特定の野生動物のことでしょう。自然な状態の中で生きられなけりゃね」

「本当に。そうすれば、そこに生息するほかの生物も保護できますからね」

❷「家庭でできる温暖化対策ってどんなことでしょう」

「まず水道光熱費をへらすことですね」

「もうやってるつもりですけど」

「家族が全員一つのへやですごし、お風呂も続けて入ればいいんです」

「そんなこともうとっくにやってますよ。うちじゃ」

❸「将来は都市生活者がもっと多くなりますから完全な自給自足なんて無理ですよ」

「地産地消をこころがければフードマイレージも小さくなります。小さなことでずいぶん違ってくると思いますけど」

「かきとり」

❶	絶滅の危機	灭绝的危机	멸종의 위기	krisis kepunahan	at the edge of extinction
	特定の野生動物	指定野生动物	특정의 야생 동물	binatang liar tertentu	a specific wild animal
	状態	状态	상태	kondisi; keadaan	condition
	生息する	生长，生存	생식하다	hidup; menghuni; berdiam	live
	保護する	保护	보호하다	melindungi	protect

❷	温暖化対策	温暖化对策	온난화 대책	antisipasi pemanasan global	the strategy for preventing global warming
	水道光熱費	水电费	수도광열비	biaya listrik dan air	home energy costs
	家族全員	全家人	가족 전원	seluruh anggota keluarga	entire family
	とっくに	早已经	벌써	sudah lama	a long time ago

❸	将来	将来	장래	masa depan/kelak	in the future
	都市生活者	生活在城市里的人	도시생활자	orang yang hidup di kota	city dwellers
	自給自足	自给自足	자급 자족	autarti; menghasilkan sesuatu untuk memenuhi kebutuhan sendiri	self supporting
	無理	不可能	무리	tidak mungkin, mustahil	impossible
	地産地消	地产地销	지산지소 (지역에서 생산해서 그 지역에서 소비)	memproduksi dan mengkonsumsi hasil produksi pertanian dan hasil laut dari daerah sendiri	live on local produce
	フードマイレージ	食物里程	음식 마일리지	*food mileage* (jarak pengiriman makanan dari daerah penghasil ke daerah konsumen)	food mileage

「かきとり」

われわれ　ひとりひとりが　おんだんかたいさくを　しんけんに　かんがえなければ　なりません。

我们每个人都必须认真地考虑温暖化对策。

우리들 한사람 한사람이 온난화 대책을 진지하게 생각하지 않으면 안됩니다.

Kita masing-masing harus serius memikirkan tindakan antisipasi terhadap masalah pemanasan global.

Each one of us has to think seriously about strategies to prevent global warming.

4. 日常生活(にちじょうせいかつ)

CD 66 レベル1

❶「おはようございます」
「おはようございます」
「きょうはいいお天気(てんき)ですね」
「そうですね。お出(で)かけですか」
「ええ。ちょっと」
「じゃ、いってらっしゃい」
「いってきます」

❷「ただいま帰(かえ)りました」
「お帰(かえ)りなさい。おつかれさまでした」

❸「おやすみなさい」
「おやすみなさい。また、あした」

❹「今(いま)、何時(なんじ)ですか」
「1時(じ)16分(ぷん)です」

「かきとり」

❶ 早上好。 早上好。 今天是个好天气啊。 是啊。你要出门吗? 是的。出去一会儿。 那你走好。 我去了。	안녕하십니까 ? 안녕하십니까 ? 오늘은 좋은 날씨군요 . 그렇군요 . 외출하십니까 ? 네 . 좀 . 그럼 , 다녀 오십시오 . 다녀 오겠습니다 .
Selamat pagi. Selamat pagi. Hari ini cuacanya bagus ya. Betul. Anda mau pergi? Ya. Sebentar. Kalau begitu, selamat jalan. Saya akan kembali lagi.	Good morning. Good morning. It's a nice day, isn't it? Yes, isn't it? Are you going out? Yes, I am. Well then, have a nice day. Thank you. Bye!
❷ 我回来了。 你回来了。辛苦了。	다녀 왔습니다 . 어서 오세요 . 수고하셨습니다 .
Saya sudah pulang. Selamat datang. Sudah capai, ya.	I'm home. Welcome back. Thank you for working hard.
❸ 晚安。 晚安。明天见。	안녕히 주무세요 . 안녕히 주무세요 . 그럼 , 내일 .
Selamat malam/selamat tidur. Selamat malam/selamat tidur. Sampai besok.	Good night. Good night. See you, tomorrow.
❹ 现在几点? 1 点 16 分。	지금 , 몇시입니까 ? 1 시 16 분입니다 .
Sekarang jam berapa? Jam 1 lewat 16 menit.	What time is it, now? It's one sixteen.

「かきとり」

げつようびから　きんようびまで　しごとですが、　どようびと　にちようびは　きゅうじつです。

从星期一到星期五上班，星期六和星期天休息。	월요일부터 금요일까지 일합니다만 , 토요일과 일요일은 휴일입니다 .
Dari hari Senin sampai hari Jumat bekerja, tetapi hari Sabtu dan hari Minggu adalah hari libur.	I work from Monday through Friday, but I am off on Saturday and Sunday.

4. 日常生活

CD 67 レベル2

❶「毎朝、何時に起きますか」
「そうですねえ。5時には起きてます」
「早いですねえ。そんなに早く起きてどうするんですか」
「まず朝の散歩。それからゆっくり新聞を読んで朝ごはんを食べます」
「健康的ですね。私はぎりぎりまで寝ています」

❷「うちの奥さんは今、ガーデニングに夢中です」
「いいですね。花ですか」
「ええ、それにミニトマトやナスなんかもつくっています」
「野菜もできるんですか」
「ええ、新鮮でおいしいですよ。第一安全だし」

「かきとり」

❶

まず	先	우선	pertama-tama	first
散歩	散步	산책	jalan-jalan	a walk
健康的	健康的	건강적	secara sehat	healthy
ぎりぎりまで	到极限	빠듯하게	sampai pas saatnya	to the limit

❷

うちの奥さん	我的妻子	우리 부인	istri saya	my wife
ガーデニング	园艺	원예	berkebun	gardening
夢中	着迷	열심하다	keasyikan	crazy about something
ナス	茄子	가지	terong	eggplant
野菜	蔬菜	야채	sayur	vegetable
新鮮	新鲜	신선	segar	fresh
安全	安全	안전	aman	safe

「かきとり」

はやねはやおきすると　じかんが　ゆうこうに　つかえます。

早起早睡可以有效的使用时间。

일찍 자고 일찍 일어나면 시간을 효율적으로 사용할 수 있습니다 .

Jika Anda tidur lebih awal dan bangun lebih awal, waktu bisa dimanfaatkan dengan efektif.

Early to rise and early to bed makes you use a day effectively.

4. 日常生活

CD 68 レベル3

❶ （電動のこぎりの音）

「ああ、びっくりした。あの音は何ですか。」

「お隣さんの趣味が日曜大工なんですよ。毎週、日曜日はこのとおり」

「へえ、よくがまんしていますねえ」

「しょうがないですよ。ご近所のことですから」

❷ 「連休のご予定は」

「ドライブに行くつもりでしたが、急に友達が遊びに来るというので行けなくなっちゃいました」

「それは、残念ですね。ぼくはテレビの前でごろ寝です」

「それが一番かもしれません。連休中はどこへ行っても混みますからね」

❸ 「そろそろ開演ですよ」

「連れがまだ来ないんです」

「入口でチケットをお預かりしますけど」

「じゃ、お願いします」

「かきとり」

❶

お隣さん	邻居	옆집	tetangga	the next door neighbor
趣味	兴趣	취미	hobi	hobby
日曜大工	利用星期日在家做木工活儿	일요목수	tukang kayu（dalam rangka hobi）	D.I.Y
がまんする	忍耐	인내하다 (참다)	sabar, tahan	endure

❷

連休	连休	연휴	hari libur berturut-turut	a long weekend
ドライブ	兜风	드라이브	*driving*, pergi jalan-jalan naik mobil	driving
残念	遗憾	유감	sayang（ada rasa penyesalan）	regrettable
ごろ寝	不盖被子躺着	그대로 잠	tidur-tiduran	lying around
連休中	连休期间	연휴중	selama libur panjang	during the long weekend

❸

開演	开演	개연	mulai pentas	start of a performance
連れ	同伴	동반	teman, pendamping	a companion
チケット	票	티켓	tiket, karcis	ticket
預かる	寄存，寄放	맡아 두다	dititipkan	keep something for someone

「かきとり」

はっせいれんしゅう　するときは　ふくしきこきゅうを　しなければ　なりません。

练习发声的时候应该用腹部呼吸。

발성 연습을 할 때는 복식호흡을 하지 않으면 안됩니다．

Waktu latihan tarik suara, harus melakukan pernapasan perut.

When you are taking voice training lessons, you are required to do abdominal breathing.

4. 日常生活

CD 69 レベル 4

❶ 「今、いいオペラが来ていますよ」
「外国のオペラでしょう。見にいきたいんですが、ちょっと値段が高すぎて」
「飛行機代払って見に行くと思えば安いんじゃないですか」
「それもそうですけど」

❷ 「歌舞伎の切符があるんですが、ご一緒にいかがですか」
「ありがとうございます。でも、私にわかるでしょうか」
「イヤホーンで英語の説明を聞きながら見ることもできますから、大丈夫ですよ」

❸ 「インターネットは便利ですねえ。もうネットなしの生活は考えられません」
「そう、音楽でもゲームでも何でも一人で楽しめちゃいますね。友だちなんかいりませんよ。ネットがあれば十分です」
「私の周りにもパソコンだけが友達だと言う人がたくさんいますよ」

「かきとり」

❶

オペラ	歌剧	오페라	opera	opera
値段	价钱	값	harga	price
飛行機代	机票钱	비행기값	ongkos tiket pesawat	air fare
払う	支付	지불하다	membayar	pay

❷

歌舞伎	歌舞伎	카부키	drama Kabuki	*Kabuki* play
イヤホーン	耳机	이어폰	*ear phone*	an earphone
説明	说明，解说	설명	keterangan	explanation

❸

便利	便利，方便	편리	praktis	convenient/handy
ネットなし	没有网络	인터넷이 없다	tanpa jaringan internet	without internet

「かきとり」

にほんで　いちばん　ふるいマンガは　じゅうにせいきから　じゅうさんせいきにかけて　かかれました。

日本最古老的漫画是在 12 世纪到 13 世纪之间被创作出来的。

일본에서 가장 오래된 만화는 12 세기부터 13 세기에 걸쳐 써졌습니다.

Komik Jepang yang paling kuno dibuat sejak abad ke-12 hingga abad ke-13.

The oldest *manga* in Japan was drawn in the 12th and 13th centuries.

5. 人生(じんせい)の節目(ふしめ)

CD 70 レベル1

❶「友(とも)だちのところに赤(あか)ちゃんがうまれました」
「そうですか、どちらですか」
「女(おんな)の子(こ)です。おばあさんはもうひな人形(にんぎょう)を買(か)ったそうですよ」
「そうですか、初節句(はつぜっく)が楽(たの)しみなんですね」

❷「息子(むすこ)さんのご入学(にゅうがく)おめでとうございます。一年生(いちねんせい)ですね」
「ええ、ありがとうございます。もう6歳(さい)になりました」

❸「お誕生日(たんじょうび)おめでとうございます。今年(ことし)は成人式(せいじんしき)ですか」
「はい、やっと大人(おとな)になります」

❹「ご卒業(そつぎょう)おめでとうございます。就職(しゅうしょく)も決(き)まってよかったですね」
「はい、おかげさまで。ありがとうございます」

❺「ご結婚(けっこん)おめでとうございます。いつまでもお幸(しあわ)せに」
「ありがとうございます」

「かきとり」

❶ 我的朋友家生小孩了。 是吗？ 男孩儿还是女孩儿？ 是女孩儿。听说她的奶奶已经买了女儿节的偶人了。 是吗？ 那很期待第一次女儿节吧。	친구에게 갓난아기가 태어났습니다 . 그렇습니까 ? 어느쪽입니까 ? 여자 아이입니다 . 할머니는 벌써 히나인형을 샀다고 합니다 . 그렇습니까 ? 처음 맞이하는 절구가 기다려지는것 같습니다 .
Teman saya melahirkan. Oh,begitu. Laki-laki atau perempuan? Perempuan. Katanya neneknya sudah membeli boneka Hina. O, ya? Pasti dia tak sabar menunggu *Hinamatsuri* pertama cucunya ya.	My friend had a new baby. Really? Was it a boy or a girl? She had a baby girl. She said her grandmother already bought a set of the *Hina* dolls. Oh, they must be really looking forward to her first doll festival.

❷ 恭喜你儿子入学。已经是 1 年级生了啊。 是啊，谢谢你。总算 6 岁了。	아드님의 입학 축하합니다 . 벌써 일학년생이군요 . 네 , 감사합니다 . 드디어 6 살이 되었습니다 .
Selamat atas diterimanya putra Anda di sekolah. Sudah kelas 1 SD ya. Ya, terima kasih. Akhirnya anak saya sudah 6 tahun.	Congratulations to your son as he starts school! He is a first grader now, isn't he? Yes, he is. Thank you very much. He's become six years old.

❸ 生日快乐！ 今年参加成人仪式吧？ 是的，我是大人了。	생일 축하합니다 . 올해는 성인식입니까 ? 예 , 어른이 됩니다 .
Selamat ulang tahun. Apakah Anda merayakan upacara *Seijin-shiki* tahun ini? Ya, saya sudah menjadi orang dewasa.	Happy Birthday to you! You have your coming-of-age ceremony this year, don't you? Yes, at last I will be a grown-up person.

❹ 恭喜你毕业。工作也找到了多好哇。 是的，托你的福，谢谢。	졸업 축하합니다 . 취직도 결정되어 좋겠네요 . 네 , 덕분에 , 감사합니다 .
Selamat atas kelulusannya. Bagus juga ya, sudah mendapat pekerjaan! Ya, berkat Tuhan. Terima kasih.	Congratulations to you on your graduation! I'm happy to hear that you've got a job. Yes. Thank you very much.

❺ 恭喜你结婚。祝你永远幸福。 谢谢。	결혼 축하합니다 . 언제까지나 행복하시기를 . 감사합니다 .
Selamat menempuh hidup baru. Semoga bahagia selama-lamanya. Terima kasih.	Congratulations to you on your wedding! I wish you'll always be happy together. Thank you very much.

「かきとり」

にほんの　こどもたちは　さんさいと　ごさいと　ななさいのときに　しちごさんという　とくべつの　おいわいを　します。

日本的孩子们在三岁，五岁和七岁的时候举行特别的庆祝。	일본의 어린이들은 세살 , 다섯살 , 일곱살 때에 시찌고상이라고 하는 특별한 축하잔치를 합니다 .
Anak-anak Jepang waktu berumur 3,5 dan 7 tahun dirayakan dengan perayaan khusus yang disebut *Shichi-go-san*.	Japanese children have special celebrations at the age of seven, five, and three.

5. 人生の節目

CD 71 レベル2

❶「私の国では16歳は大人への第一歩です」
「ずいぶん若いですね」
「ええ、16歳になると車の運転免許が取れるんです」
「そうなんですか」
「運転には大きな責任が伴いますからその意味でおとなの仲間入りです」

❷「お父さん、今日まで家族のために働いてくれてありがとうございました。これからは、第二の人生を自分のために楽しんでください」
「ありがとう。定年後も元気でがんばるよ」

❸「来週、祖父の一周忌なので実家へかえります」
「もう一年になりますか。おばあさまはきっと寂しいでしょうね」

「かきとり」

❶

おとな	大人	어른	dewasa	adult
運転免許	驾驶证	운전 면허	SIM (Surat Ijin Mengemudi)	driver's license
責任	责任	책임	tanggung jawab	responsibility
伴う	伴随	따르다	menyertai	accompany

❷

第二の人生	人生第二春	제 2 의 인생	kehidupan kedua (kehidupan setelah pensiun)	a second life
定年	退休	정년	pensiun	retirement
定年後	退休以后	정년후	setelah pensiun	after retirement

❸

来週	下周	다음 주	minggu depan	next week
祖父	祖父	할아버지	kakek (saya)	grandfather
一周忌	一周年忌辰	1 주기	peringatan 1 tahun wafatnya (seseorang)	the first anniversary for someone's death
寂しい	寂寞	쓸쓸하다	merasa kesepian/ kehilangan	lonely

「かきとり」

たんじょうびに　かぞくから　プレゼントを　たくさん　もらいました。

生日那天家人给了我很多礼物。

생일에 가족에게서 선물을 많이 받았습니다 .

Pada hari ulang tahun saya menerima banyak kado dari keluarga saya.

I was given many presents from my family on my birthday.

5.　人生の節目

CD 72　レベル3

❶「子どもの教育費もかかるので私もパートで働こうと思っています」
「そうですか。どんなお仕事ですか」
「これからさがします。何も資格がないので仕事があるかどうか」
「若くて元気ならいいじゃありませんか。やる気さえあれば何でもできますよ」
「そうですね。がんばります」
「でも、身体をこわさないように気を付けてくださいね」

❷「どうしましたか。元気がありませんね」
「受けた大学を全部落ちちゃったんです。すごく落ち込んでいます」
「浪人するんですか」
「ええ、一年ぐらいなら浪人させてもらえると思いますけど」
「来年受かるようにがんばればいいじゃないですか。きみならきっと大丈夫ですよ」

「かきとり」

❶

教育費	教育经费	교육비	biaya pendidikan	education cost
パート	零工	파트	kerja paruh waktu	part-time job
仕事	工作	일	pekerjaan	work
資格	资格	자격	syarat; kualifikasi; kompetensi	qualification
やる気	干劲	의욕	semangat; tekad; kemauan	willing, desire

❷

落ち込む	意志消沉	(기분이) 침울해지다	mentalnya jatuh; kehilangan semangat	be depressed
浪人	失学，失业的人	재수생	pelajar yang gagal masuk perguruan tinggi	a high school graduate who has failed to enter a university and is still trying for another chance

「かきとり」

じんせいには　いろいろな　てんきが　あります。わかれの　あとには　きっと　あたらしい　であいが　あるでしょう。

人生有各种各样的转机。分别之后肯定会有新的相逢。

인생에는 여러가지 계기가 있습니다. 헤어짐 뒤에는 꼭 새로운 만남이 있을 것입니다.

Dalam kehidupan manusia ada banyak titik momen perubahan. Setelah perpisahan pasti ada pertemuan.

There are many turning points in one's life. After a separation, there will surely be a new encounter.

5. 人生の節目

CD 73 レベル4

❶「もう一度人生をやり直すことができるとしたら何歳からやりたいですか」
「そうですね。27歳ぐらいにもどりたいです」
「どうしてですか」
「実はね、その年に家内と出会ったんですよ」
「お見合い結婚ですか。恋愛結婚ですか」
「見合いでしたが、すぐ恋愛になりました」
「ロマンチックですね」
「ええ、でも家内は去年亡くなりましたけど」

❷「先週、ご近所の方が亡くなってお葬式に行ったんです」
「そうですか。日本のお葬式は初めてでしたか」
「ええ、どうしていいか分からなくて困っていたら、お隣の奥さんが一緒に行ってくれたので、失礼のないようにできました」

「かきとり」

❶

やり直す	重做	다시 하다	mengulang/mulai dari awal lagi	start all over again
家内	内人	아내	istri saya	my wife
出会う	相遇	만나다	bertemu	meet
お見合い結婚	相亲结婚	중매 결혼	pernikahan yang diatur oleh pihak ketiga (dijodohkan)	(a marriage by) arrangement
恋愛結婚	恋爱结婚	연애 결혼	pernikahan atas dasar cinta	marry for love
ロマンチック	浪漫的	로맨틱	romantis	romantic
亡くなる	去世	돌아가시다 (죽다)	meninggal dunia	pass away

❷

ご近所の方	邻居	이웃사람	tetangga	a neighbor
お葬式	葬礼	장례식	upacara pemakaman	a funeral service
失礼	失礼	실례	tidak sopan	rudeness

「かきとり」

ちょうじゅを　いわう　とくべつの　たんじょうびは　ろくじゅっさいの　かんれきから　はじまります。

祝福长寿的特别的生日是从 60 岁的花甲开始的。

장수를 축하하는 특별한 생일은 60 세의 환갑부터 시작됩니다 .

Hari ulang tahun yang khusus untuk merayakan umur panjang dimulai dari perayaan *Kanreki* di umur 60 tahun.

A series of special birthdays to celebrate longevity start with *kanreki*, a celebration of one's 60th birthday.

6. 年中行事

CD 74 レベル1

❶「あけましておめでとうございます。今年もよろしくお願いします」
「こちらこそ、よろしくお願いします」

❷「バレンタインデーにチョコをいくつもらいましたか」
「一個ももらえませんでした。母からは一個もらいましたけど」

❸「お花見に行きましたか」
「ええ、近くの公園に行きました。桜がちょうど満開ですごくきれいでした」

❹「商店街がきれいでしたけど、何のお祭りですか」
「あれは七夕のかざりつけですよ」
「たなばた」
「ええ、紙に願い事を書いて竹に下げ、星にお願いするんです」

❺「夏祭り花火大会に行きました」
「どうでしたか」
「すごくきれいでした。浴衣を着て、とても楽しかったです」

「かきとり」

❶ 新年好。今年也请多多关照。 彼此彼此，请多关照。	새해 복 많이 받으세요. 올해도 잘 부탁합니다. 저야말로, 잘 부탁합니다.
Selamat tahun baru. Mohon bantuannya juga untuk tahun ini. Sama-sama. Mohon bantuannya.	A Happy New Year! May our friendship continue this year, too It's my wish, too.

❷ 情人节收到了多少块巧克力? 一块也没收到。不过从妈妈那里得到了一个。	발렌타인데이에 초콜릿을 몇개 받았습니까? 한개도 못 받았습니다. 어머니에게는 한개 받았지만.
Anda mendapat berapa coklat pada hari *Valentine*? Tidak dapat satu pun. Cuma dapat satu coklat dari ibu saya.	How many Valentine chocolates did you get this year? I didn't get any. I got one from my mother, though.

❸ 去赏花了吗? 啊，去附近的公园了。樱花正好盛开可漂亮了。	꽃구경 하러 갔습니까? 네, 가까운 공원에 갔습니다. 벚꽃이 한창 만개해서 굉장히 예뻤습 니다.
Sudah pergi *Hanami* (melihat bunga Sakura)? Ya, saya sudah pergi ke taman di dekat rumah saya. Karena pas saat bunga Sakura lebat berbunga mekar, sangat indah sekali.	Have you gone to see cherry blossoms, yet? Yes, I have. I went to the nearby park. The cherry blossoms were at their best, and they were very pretty.

❹ 商店街很漂亮，是什么节日吗? 那是七夕节的装饰呀。 七夕节? 是呀，就是在纸上写下愿望挂在竹子上，向星星许愿。	상점가가 예쁜데, 무슨 축제입니까? 저것은 칠월 칠석의 장식입니다. 칠석. 네, 종이에 원하는 것을 써서 대나무에 걸어, 별님에게 부탁하는 것입니다.
Daerah pusat pertokoan dihias cantik, ada acara apa? Itu hiasan untuk acara *Tanabata* (Festival Bintang). *Tanabata*? Ya, kita tulis keinginan kita di kertas, lalu gantungkan di pohon bamboo, dan berharap pada bintang.	Along the street in the shopping area, the shops were beautifully decorated. What festival is it? It is the decorations for the *Tanabata* festival. What is *Tanabata*? It is the star festival. You write your wishes on a piece of paper and hang it on the bamboo branches.

❺ 我去了夏日庆典烟花大会了。 怎么样? 可漂亮了。穿了夏天的和服，非常有意思。	여름축제 불꽃놀이 대회에 다녀 왔습니다. 어땠습니까? 굉장히 예뻤어요. 유카타를 입고, 매우 즐거웠습니다.
Saya baru pulang dari acara kembang api di *Natsu-matsuri* (Festival Musim Panas). Bagaimana? Indah sekali lho! Saya memakai Yukata, sangat menyenangkan.	We went to see the fireworks for the summer festival. Did you like it? Oh, they were incredibly beautiful. We wore *yukata* and every one had a very good time.

「かきとり」

せつぶんには　「ふくはうち、おにはそと」といいながら　まめを　まきます。

节分节那天，人们一边说「福进来，鬼出去」一边洒豆子。	절분(입춘 전날)에는「복은 안으로, 귀신은 밖으로」라고 하면서 콩을 뿌립니다.
Pada waktu upacara *Setsubun*, kita melempar kacang sambil berkat *"Oni wa soto, fuku wa uchi"* (Setan pergilah keluar, rezeki datanglah ke rumah.)	On the *Setsubun* day, we throw beans in and around the house, yelling "Come in, Happiness! Get out, Demons!"

6. 年中行事

CD 75 レベル2

❶「初詣に行っておみくじをひいたら大吉でした」
「じゃあ、今年は何かいいことがあるかもしれませんね」
「ええ、そうだといいんですけど。ああ、今年こそ結婚できるかも」

❷「日曜日にお花見に行きました。お弁当を持ってね」
「やっぱり花より団子のほうですか」
「もちろん。お花見はそれが楽しみなんです」

❸「子どもの日に男の子のいる家では鯉のぼりをかざりますね。どうして鯉のぼりなんですか」
「コイは滝を上るほど元気な魚だからです」
「なるほど、『コイのように元気になれ』ですね」

❹「夏祭りでおみこしを担ぎました」
「すごい。わたしはまだやったことがありませんよ」

「かきとり」

❶	初詣	新年后首次参拜	정월의 첫참배	berdoa di kuil pada awal tahun baru	the first visit to a *Shinto* shrine or a Buddhist temple of the year
	おみくじ	签	오미쿠지 (신사에서 길흉을 점치는 제비 뽑기)	kertas ramalan nasib	a written oracle
	大吉	大吉	대길	penuh keberuntungan	big luck
❷	花見	赏花	꽃구경	*Hanami* (menikmati indahnya bunga Sakura)	cherry blossom viewing
	団子	丸子，米粉团	경단	*kue Dango* (bentuknya bulat)	sweet dumplings
	花より団子	舍华求实	꽃보다 경단 (금강산도 식후경)	peribahasa: lebih baik makan daripada bergaya	prefer food to art
	楽しみ	期望	즐거움	tidak sabar menunggu	pleasure, fun
❸	鯉のぼり	鲤鱼旗	코이노보리 (잉어 드림)	hiasan bendera bentuk ikan *Koi* (ikan karper)	carp shaped banner
	コイ	鲤鱼	잉어	ikan Koi	carp
	滝	瀑布	폭포	air terjun	waterfall
	なるほど	原来如此，的确	과연	oh begitu; benar juga	I see
❹	夏祭り	夏天祭祀	여름 마쯔리 (축제)	festival musim panas	summer festival
	おみこし	神轿	오미코시 (가마)	usungan	a portable shrine
	かつぐ	扛，抬	짊어지다	memikul; memanggul	carry something on one's shoulder

「かきとり」

にほんでは　バレンタインデーに　じょせいが　すきなひとに　チョコレートを　おくります。

在日本，情人节这天女性会向喜欢的人赠送巧克力。

일본에서는 발렌타인데이에 여성이 좋아하는 남자에게 초콜릿을 선물합니다.

Di Jepang, pada hari Valentine wanita memberi coklat kepada pria yang disukainya.

In Japan, girls send chocolate to someone they like on St. Valentine's Day.

6. 年中行事(ねんちゅうぎょうじ)

CD 76 レベル 3

❶「今年(ことし)のバレンタインデーはつまらなかったです」
「どうしてですか」
「チョコを上(あ)げたい人(ひと)がいないんですよ」
「本命(ほんめい)なしですか」
「義理(ぎり)チョコばかりで本当(ほんとう)につまらなかった」
「来年(らいねん)はきっといいことがありますよ。あきらめないで」

❷「12月(がつ)はどうしてこんなに忙(いそが)しいんでしょうねえ。何(なん)となくせかせかしますよ」
「本当(ほんとう)にそうですね。忘年会(ぼうねんかい)もあるし大変(たいへん)です」

❸「どうしよう。年賀状(ねんがじょう)を買(か)うのを忘(わす)れました」
「けさ、駅(えき)の地下街(ちかがい)で売(う)っていましたよ。行(い)ってみたらどうですか。まだあるかもしれませんよ」
「そうですか。すぐ行(い)ってみます」

「かきとり」

❶	本命	真正喜欢的人	본심	sasaran utama	the favorite
	きっと	肯定，一定	꼭	pasti	for sure

❷	せかせか	急急忙忙	성급하다	dengan tergesa-gesa	restless
	忘年会	年终联欢会	망년회	pesta akhir tahun	a year-end party

❸	地下街	地下街	지하상가	pertokoan di bawah tanah	underground shopping mall

「かきとり」

じゅうにがつは　ねんがじょうを　かいたり　おしょうがつの　じゅんびを　したりで　いそがしいです。

在 12 月，又要写贺年卡又要准备正月的东西很忙。

12 월은 연하장을 쓰거나 설날 준비를 하거나 해서 바쁩니다.

Pada bulan Desember sibuk karena perlu menulis kartu ucapan tahun baru (*Nenga-joo*), melakukan persiapan untuk tahun baru, dan lain sebagainya.

In December, we are very busy writing New Year's Cards and preparing for the New Year's Day.

6. 年中行事

CD 77 レベル 4

❶ 「バレンタインデーに会社の同僚みんなに義理チョコを上げたら 20 人分でした」

「それは大変。義理というところが日本的ですね」

「ええ、でもホワイトデーにはお返しをもらいますから」

「プレゼントにお返しというところも日本的ですよ」

❷ 「来週、会社のお花見です」

「場所取りが大変でしょう」

「ええ、場所取りは新入社員の仕事です。私なんか前の晩から行きましたよ」

❸ 「日本で一番大きな行事はやっぱり正月ですか」

「ええ、大みそかに除夜の鐘を聞くと、ああ今年も無事に一年が終わったと思います」

「そうですねえ。新しい年が良い年となりますように」

「かきとり」

❶

同僚	同事	동료	teman kantor/kolegaa	fellow workers

❷

場所取り	占地方儿	자리 잡기	penyiapan tempat/ mencari tempat	saving a place
新入社員	新职员	신입사원	karyawan baru	new employees

❸

大みそか	除夕	그믐날	malam tahun baru	New Year's Eve
除夜の鐘	除夕夜的钟声	제야의 종	bunyi lonceng dari kuil pada malam tahun baru	the bell ringing out the old year
無事に	平安地	무사히	dengan selamat; dengan tak kurang suatu apa pun	safely

「かきとり」

おはなみのとき　よっぱらって　けんかする　ひとも　いました。しずかに　さくらを　たのしんで　ほしいです。

在赏花的时候还有人喝醉酒打架了。我希望能安静地欣赏樱花。

꽃구경 때 몹시 취해서 싸우는 사람도 있었습니다. 조용히 벚꽃을 즐겨 주었으면 좋겠습니다.

Waktu *Hanami* ada orang yang mabuk dan berkelahi. Saya ingin menikmati keindahan sakura dengan tenang.

Some people viewing cherry blossoms, had too much to drink and got into a fight. I wish that they'd enjoy cherry blossoms quietly.

7. 身体(からだ)と健康(けんこう)

CD 78 レベル1

❶「一日(いちにち)に何回(なんかい)歯(は)みがきをしますか」

「二回(にかい)か三回(さんかい)です」

「お昼(ひる)ごはんの後(あと)も」

「じつはよく忘(わす)れるんですよ」

「私(わたし)も同(おな)じです。外(そと)ではむずかしいですね」

❷「好(す)きな食(た)べ物(もの)は何(なん)ですか」

「そうですね。ハンバーガーとフライドポテトかな。一人暮(ひとりぐ)らしを始(はじ)めてからは毎日(まいにち)食(た)べていますよ」

「毎日(まいにち)ですか。でもランチだけでしょう」

「いいえ、三食(さんしょく)ともハンバーガーです」

「ほかにも何(なに)か食(た)べたほうがいいと思(おも)いますけど」

「でも、大好(だいす)きなんです。ほかの物(もの)は食(た)べたくありませんよ」

「かきとり」

❶ 你一天刷几次牙?
两次或三次。
午饭后也刷吗?
其实我经常忘记刷。
我也是。外出的时候挺难的。

하루에 몇번 이를 닦습니까 ?
두 세번 입니다 .
점심밥을 먹은 후에도 .
사실은 자주 잊어버립니다 .
나도 같습니다 . 밖에서는 어렵습니다 .

Anda menggosok gigi berapa kali dalam sehari?
Dua atau tiga kali.
Setelah makan siang juga?
Sebenarnya saya sering lupa lho.
Saya juga. Kalau sedang di luar, susah ya!

How many times a day, do you brush your teeth.
Two or three times.
How about after lunch?
I often forget, to tell you the truth.
Me too. It's difficult to remember when you eat out, isn't it?

❷ 喜欢的食物是什么?
嗯～、汉堡包和炸薯条吧。自从一个人生活开始每天都在吃。
每天都吃吗?　只是午餐吃吧?
不，三餐都吃汉堡包。
不过，我觉得最好是别的东西也吃的好。
可是，我特别喜欢。不想吃其他的东西。

좋아하는 음식물은 무엇입니까 ?
글쎄요 . 햄버거와 감자튀김 (fried potato) 이라고 할까 . 혼자 살면서 부터는 매일 먹고 있습니다 .
매일입니까 ? 그렇지만 점심만이지요 ?
아니오 , 3 끼 전부 햄버거입니다 .
그것 이외에도 뭔가 먹는 편이 낫다고 생각합니다만 .
그렇지만 , 아주 좋아합니다 . 다른 음식은 먹고 싶지 않은데요 .

Apa makanan kesukaan Anda?
Hmm . . . , mungkin *hamburger* dan kentang goreng. Sejak saya tinggal sendirian saya makan itu setiap hari.
Setiap hari? Tetapi hanya waktu makan siang saja, kan?
Tidak, makan *hamburger* sehari tiga kali.
Saya pikir lebih baik Anda makan makanan lain juga.
Tetapi saya suka sekali. Saya tidak ingin makan makanan lainnya lho.

What is your favorite food?
Let me see. Maybe hamburgers and French fried potatoes (chips). I'm eating them every day, ever since I started to live on my own.
Every day? Just for lunches, right?
No. I'm having them for every meal, three times a day.
I think you should eat other things, too.
But I love them. I don't want to eat anything else.

「かきとり」

よいしょくじと　てきどな　うんどうで　けんこうてきな　せいかつが　できます。

有好的饮食和适当的运动就能拥有健康的生活。

좋은 식사와 적당한 운동으로 건강한 생활을 할 수 있습니다 .

Dengan makanan yang sehat dan olahraga yang cukup Anda bisa hidup sehat.

Good eating habits and appropriate exercises keep you living healthy.

7. 身体と健康

CD 79 レベル2

❶「身体にいいこと何かしていますか」

「バランスのいい食事をとるようにしています。とくに野菜をたくさん食べるようにしています」

「私は毎朝公園まで走ってます。公園を2周するとちょうど3キロになるんです」

❷「うちの庭は狭いけど、家庭菜園で野菜を育てています。子どもには安全な物を食べさせたいと思って」

「どんなものができますか」

「おもにキュウリやミニトマトなどですが子どもは大喜びです」

❸「今ダイエット中でしたね」

「いや、もうあきらめました。おいしいものを食べるのも人生の楽しみの一つですから」

「そうですよ。食べすぎたり、飲みすぎたりしなけりゃいいんですよ」

「かきとり」

❶

身体に良い	对身体好	신체 (몸) 에 좋다	baik untuk tubuh	good for your health
バランスのいい	均衡	밸런스가 좋다	seimbang	well balanced
野菜	蔬菜	야채	sayur	vegetable
2周	两圈	2 주	2 putaran	twice round
3キロ	三公里	3 킬로	3 km (kilometer)	3 kilometers

❷

狭い	狭窄	좁다	sempit	small space
家庭菜園	业余菜园	가정채원	kebun sayur keluarga (pribadi)	a kitchen garden
育てる	培育，栽培	키우다	membesarkan/ merawat	raise
安全な	安全的	안전한	aman	safe
キュウリ	黄瓜	오이	mentimun	cucumber
ミニトマト	迷你西红柿	미니토마토	tomat mini	cherry tomato

❸

ダイエット中	正在减肥	다이어트중	sedang diet	on diet
あきらめる	放弃	포기하다	menyerah	give up
人生の楽しみ	人生的乐趣	인생의 즐거움	kenikmatan dalam hidup	pleasure of life
(食べ) 過ぎ	吃多	과식	kebanyakan makan	excess of doing something

「かきとり」

けんこうのため、きんしゅ、きんえんして　すいえいきょうしつに　かよっています。

为了健康，忌了酒，戒了烟，还去游泳教室。

건강 때문에 , 금주 , 금연하고 수영 교실에 다니고 있습니다 .

Demi kesehatan, saya tidak minum minuman keras dan tidak merokok, serta mengikuti les renang.

To stay in good health, I don't drink nor smoke, and attend a swimming class.

7. 身体と健康

CD 80 レベル3

❶「その足どうしたんですか」
「サッカーの試合中に蹴られたんです」
「味方にですか」
「ええ、そうなんですよ。ひどいでしょう」

❷「今度マラソン大会に出るんです」
「えっ、あのフルマラソンですか。大丈夫ですか」
「大丈夫ですよ。去年から少しずつ調整していますから」

❸「海と山とどっちが好きですか」
「どちらかと言うと山です。緑の木々の中で森林浴をすると元気になります」
「私は海辺で波の音を聞いていると、とても心が安らぐんです。やっぱり海はいいですねえ」

「かきとり」

❶ 試合中	正在比赛	시합중	sedang/waktu bertanding	during the game
蹴られる	被踢	걷어 차이다	ditendang	be kicked
味方	伙伴	우리편	teman setim/sepihak	on your side
ひどい	太过分	심하다	parah	terrible

❷ マラソン大会	马拉松大会	마라톤 대회	lomba lari marathon	a mass marathon meet
フルマラソン	全程马拉松	풀 마라톤	*full- marathon* (lari jarak 42.195 km)	a full marathon
調整する	做调整	조정하다	mengatur	adjust

❸ 森林浴	森林浴	삼림욕	*Green Shower* (berjalan-jalan di daerah hutan untuk ketenangan jiwa)	therapeutic walk in the forest
海辺	海边	해변	tepi laut; pantai	the beach
心が安らぐ	心里感到平静	마음이 편안해지다	merasa tentram; nyaman	feel peaceful

「かきとり」

やさい、くだもの、にく、さかな、まめるい、にゅうせいひんなど　すききらいなく　たべています。

蔬菜，水果，肉，鱼，豆类，乳制品等等，不挑食什么都吃。

야채 , 과일 , 고기 , 생선 , 콩류 , 유제품등 편식하지 않고 잘 먹고 있습니다 .

Saya makan apa saja: sayur, buah-buahan, daging, ikan, kacang-kacangan, produk dari susu, dan lain-lain.

I eat vegetables, fruit, meat, fish, beans, and dairy products, without any special likes or dislikes.

7. 身体と健康

CD 81 レベル４

❶「この間、久しぶりにスポーツセンターに行ったら、すごくいろいろなスポーツ教室があるのにはびっくりしました」

「そうそう、すごいでしょう。ジムも充実してますし」

「ダンスやバレー、ヨガ教室。それから柔道や空手などの武道まであって、子どもからお年寄りまでスポーツに汗を流していましたよ」

「一般の人たちの間でも健康意識が高まってきたんですね」

❷「和食は健康的だと言われていますがどう思いますか」

「たしかにそうかも知れませんが、塩分や炭水化物が多すぎると思いませんか」

「何事もバランスが大切ですね」

「そう。ほどほどが一番です」

「かきとり」

❶	充実する	充实	충실하다	memadai; memuaskan	full/complete
	ダンス	舞蹈	춤	tarian, dansa	dancing
	バレー	芭蕾	발레	bola voli	ballet
	ヨガ	瑜伽	요가	yoga	yoga
	柔道	柔道	유도	judo	*judo*
	空手	空手道	공수도	karate	*karate*
	武道	武士道	무도	budo (seni bela diri Jepang)	martial art
	汗を流す	流汗	땀을 흘리다	berkeringat	put forth effort
	健康意識	健康意识	건강의식	kesadaran terhadap kesehatan	health consciousness

❷	和食	和式料理	일식	masakan Jepang	Japanese food
	塩分	盐分	염분	kadar garam	salt
	炭水化物	碳水化合物	탄수화물	karbohidrat	carbohydrate
	ほどほど	适当地	적당히	sedang-sedang saja	moderate

「かきとり」

しょうじんりょうりは　にくや　さかなの　かわりに　まめや　とうふを　つかうりょうりです。

斋菜是以豆类或豆腐等的材料来代替肉和鱼的料理。

정진 (채식) 요리는 고기나 생선 대신에 콩이나 두부를 사용하는 요리입니다.

Masakan *Syoojin* (masakan untuk biksu Budha) adalah masakan berbahan kacang atau tahu sebagai pengganti daging dan ikan.

Shojin ryori (a vegetarian cuisine) uses beans and tofu instead of meat or fish.

解答

1.

1. い	2. う	3. え	4. お	5. か
6. き	7. く	8. け	9. こ	
10. が	11. ぎ	12. ぐ	13. げ	14. ご
15. さ	16. し	17. す	18. せ	19. そ
20. ざ	21. じ	22. ず	23. ぜ	24. ぞ
25. た	26. ち	27. つ	28. て	29. と
30. だ	31. ぢ	32. づ	33. で	34. ど
35. な	36. に	37. ぬ	38. ね	39. の
40. は	41. ひ	42. ふ	43. へ	44. ほ
45. ば	46. び	47. ぶ	48. べ	49. ぼ
50. ぱ	51. ぴ	52. ぷ	53. ぺ	54. ぽ
55. ま	56. み	57. む	58. め	59. も
60. や	61. ゆ	62. よ		
63. ら	64. り	65. る	66. れ	67. ろ
68. わ	69. を	70. ん		

7.

71. きゃ　72. きゅ　73. きょ

8.

74. ぎゃ　75. ぎゅ　76. ぎょ

9.

77. しゃ　78. しゅ　79. しょ

10.

80. ちゃ　81. ちゅ　82. ちょ

11.

83. じゃ　84. じゅ　85. じょ

12.

86. ひゃ　87. ひゅ　88. ひょ

13.

89. びゃ　90. びゅ　91. びょ

14.

92. ぴゃ　　93. ぴゅ　　94. ぴょ

20.

1. い	2. え	3. こ	4. く	5. し
6. せ	7. つ	8. と	9. に	10. ね
11. ひ	12. へ	13. ま	14. み	15. ゆ
16. よ	17. る	18. ろ	19. わ	20. を

21.

1. き	2. ぎ	3. り	4. わ	5. う
6. し	7. は	8. ろ	9. ぬ	10. つ

23. (CD)

例　a. おかあさん　　b. おかさん
1. a. おばあさん　　b. おばさん
2. a. あっ！　　b. ああ
3. a. まあまあ　　b. まま
4. a. なんだ？　　b. なあんだ

1. おばあさん　2. ああ　3. まあまあ　4. なあんだ

24.

1. a. おじいさん　　b. おじさん
2. a. いいですか　　b. いですか
3. a. きてください　　b. きいてください
4. a. おにさん　　b. おにいさん

1. おじいさん　2. いいですか　3. きいてください　4. おにいさん

25.

1. a. くき　　b. くうき
2. a. ゆうめい　　b. ゆめ
3. a. すうじ　　b. すじ
4. a. こつ　　b. こうつう

1. くうき　2. ゆうめい　3. すうじ　4. こうつう

26.

1. a. せいと　　b. せと
2. a. ねえ　　b. ね？
3. a. え？　　b. ええ

1. せいと　2. ねえ　3. ええ

27.

1. a. おおきい　　b. おき
2. a. とり　　b. とおり
3. a. おとうと　　b. おとと
4. a. いもうと　　b. いもと

1. おおきい　2. とおり　3. おとうと　4. いもうと

32.

1. a. まって　　b. まて
2. a. せけん　　b. せっけん
3. a. わかった　　b. わかた
4. a. きって　　b. きて

1. まって　2. せっけん　3. わかった　4. きって

33.

1. おとうさん　2. おかあさん　3. じゅうごさい　4. にほんご

37.

1. (○)　2. (×)　3. (○)　4. (×)　5. (○)

1. ならしうんてん　2. はなし　3. おんならしいひと　4. ていねいないいかた
5. われわれ

38.

1. ねこ　2. バナナ　3. ほん　4. みず　5. とけい
6. うち　7. とり　8. てんどん　9. かに　10. ざっし
11. つまみ

49.

1. ちょっと　2. じゅよう　3. きょうきゅう　4. ごうきゅう　5. じゅうし
6. じょうず　7. とり　8. じゃきょう　9. しゃこ

〈著者紹介〉
吉岐久子（よしき　ひさこ）
日本語教師。元那須大学（現宇都宮共和大学）都市経済学部助教授（外国人留学生日本語教育担当）。国際基督教大学教養学部語学科卒業（BA）、テンプル大学日本校大学院教育学修士課程修了（MEd）。斬新な日本語テキストとして好評を博している「にほんご かんたん SPEAK JAPANESE」シリーズの著者。長年国内外において年少者から成人までを対象とする日本語教育に携わる。

にほんご 発音（はつおん） かんたん

2010年4月15日　印刷　　2010年4月24日　初版発行

KENKYUSHA
〈検印省略〉

著　者　吉　岐　久　子
発行者　関　戸　雅　男
印刷所　研究社印刷株式会社

発行所　株式会社　研　究　社
〒102-8152
東京都千代田区富士見2-11-3
電話（編集）03(3288)7711（代）
　　（営業）03(3288)7777（代）
振替　00150-9-26710
http://www.kenkyusha.co.jp/

Printed in Japan / ISBN 978-4-327-38456-2　C1081
装丁：高橋良太（ヒップスター・デザイン・スタジオ）
表紙・本文イラスト：佐々波雅子／本文デザイン：株式会社インフォルム